W0201521

Zu diesen Orten und Sehenswürdigkeiten finden Sie Detailkarten im Innenteil des Reiseführers.

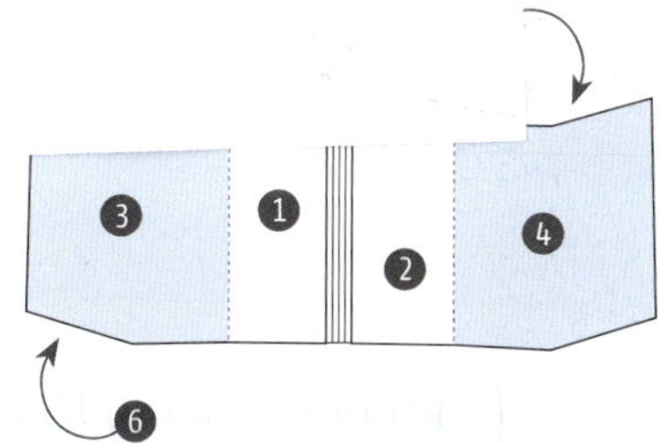

ADAC Top Tipps: Vordere Umschlagklappe, innen 1

ADAC Empfehlungen: Hintere Umschlagklappe, innen 2

Übersichtskarte Côte d'Azur West: Vordere Umschlagklappe, innen 3
Übersichtskarte Côte d'Azur Ost: Hintere Umschlagklappe, innen 4
Stadtplan Marseille: Hintere Umschlagklappe, außen 5
Ein Tag in Marseille: Vordere Umschlagklappe, außen 6

Mondän und liebenswert bodenständig

Die Region im Südosten Frankreichs ist ein Landstrich zum Träumen – und wesentlich vielfältiger als gemeinhin bekannt

Perfekt zum Segeln, Schnorcheln und Schwimmen: Calanque de Port-Pin bei Cassis

Um gleich mit den Klischees zu beginnen: Die Côte d'Azur ist Tummelplatz der Reichen und Schönen, prächtige Villen stehen am Strand, protzige Karossen vor dem Spielkasino, auf Luxusjachten im Hafen fließt der Champagner in Strömen. Da ist was dran. Aber die Côte d'Azur darauf zu reduzieren wird dieser faszinierenden Region keinesfalls gerecht. Das Gebiet zwischen Marseille und der italienischen Grenze ist auch eine Urlaubsgegend für Familien, für Wanderer und Radfahrer, für Kunstinteressierte und für Liebhaber der regionalen Küche und provenzalischer Weine.

Mythos Côte d'Azur

Die Côte ist ein Mythos. Englische und russische Adlige verbrachten in ihrem milden Klima die Wintersaison. Künstler fühlten sich seit jeher vom Leben an der Mittelmeerküste angezogen. Französische Schriftsteller wie Guy de Maupassant oder André Gide lebten und arbeiteten hier. Ihre ausländischen Kollegen folgten, wie Aldous Huxley oder Henry Miller. Deutsche Literaten wie Thomas Mann und Lionel Feuchtwanger flüchteten vor den Nazis ins Exil nach Sanary-sur-Mer. Regis-

seure und Schauspieler profitierten vom Glanz der Côte d'Azur und trugen gleichzeitig zu ihrem Image bei.
Das Licht der Côte d'Azur zog viele berühmte Maler in ihren Bann, deren Werke heute in Museen entlang der Küste zu sehen sind. Das Château Grimaldi in Antibes beherbergt das Musée Picasso, in Nizza sind die Werke von Henri Matisse und Marc Chagall zu bewundern, Auguste Renoir verbrachte seine letzten Lebensjahre malend in Cagnes. In Deutschland weniger bekannt sind die »primitifs niçois« aus dem 15. und 16. Jh., allen voran Louis Brea, deren Werke Kirchen der Region schmücken. Die vielen Kirchen und Kapellen sowie die örtlichen Feste, die oft den Dorfheiligen gewidmet, heute aber muntere weltliche Feiern sind, zeugen von der tiefen Religiosität der Bewohner in vergangenen Zeiten.

Kulinarische Genüsse

Heute spielt der Tourismus an der Küste wirtschaftlich eine überragende Rolle. In den Häfen haben die Jachten

Besuchermagnet: St-Paul de Vence (unten) – Das Château Grimaldi in Antibes birgt viele Werke Picassos (ganz unten)

Charmantes Zentrum in Nizzas Altstadt: Cours Saleya Nizza (oben) – Südfrankreichs Volkssport: Boules (Mitte) – Kulinarischer Klassiker: Bouillabaisse (unten)

die Fischerboote zwar in den Hintergrund gedrängt, doch die Fischerei ist wie andere traditionelle Wirtschaftszweige nach wie vor präsent. Die Restaurants müssen versorgt werden, Doraden, Rotbarben und Wolfsbarsch werden täglich frisch angeliefert, Muscheln stehen auf fast jeder Speisekarte. Die Bouillabaisse ist der Klassiker unter den Fischgerichten, wobei die »echte« teuer und in Touristenzentren selten zu finden ist. Aus dem Hinterland der Côte stammen andere kulinarische Highlights: Maronen, Feigen, Lavendelhonig, kleine schwarze Oliven und Olivenöl. Weniger bekannt ist, dass die Region das drittgrößte Trüffelgebiet Frankreichs ist. Genießer finden sie in den Wintermonaten etwa auf dem Markt von Aups. Zu Weihnachten kommen viele dieser Köstlichkeiten als Nachtisch auf die Festtafel: Traditionellerweise gibt es im Kreis der Familie 13 Desserts, angelehnt an Jesus und seine zwölf Apostel.

Südfranzösische Lebensart

Der Markttag bildet in kleineren Orten ebenso wie in den Städten den Höhepunkt der Woche. Neben dem Kauf von Gemüse, Wurst und Käse bietet der Schwatz mit den Nachbarn großen Unterhaltungswert. Besucher müssen Geduld zeigen, Hektik ist nicht angesagt, der Austausch von Neuigkeiten mit den Stammkunden hat für die Verkäufer Vorrang vor den Wünschen der Wartenden.

Deutsche »coffee-to-go«-Sitten sind den Provenzalen fremd, nach dem Einkauf geht es ins Bistrot. Dort verzehrt man gern auch frisch erworbene Leckereien, in Nizza zum Beispiel ein Stück Socca, eine Art Pfannkuchen aus Kichererbsenmehl und Olivenöl. Das muss natürlich begossen werden. Ein Pastis um die Mittagszeit ist nicht ungewöhnlich, ein Glas (oder mehrere) Rosé oder Blanc normal. Die meisten Weine tragen die Herkunftsbezeichnung (AOP) Côtes-de-Provence und sind in der Regel frisch und fruchtig. Drei Viertel dieser Tropfen sind Rosés, auf den Schieferböden des Massif des Maures entstehen aber auch mineralische Weiße, und aus dem Gebiet Bandol kommen kraftvolle Rotweine. Am Nachmittag steht dann bei vielen Provenzalen eine Partie Boule unter Platanen auf dem Programm.

Kunsthandwerk hat an der Côte d'Azur und in ihrem Hinterland eine lange Tradition. Moustiers-Sainte-Marie ist berühmt für seine Fayencen, in Salernes entstehen vor allem Terrakottafliesen, Steinkrüge aus Biot und Keramik aus Vallauris sind seit Jahrhunderten bekannt. Auch durch seine Glasbläsereien hat sich Biot einen Namen gemacht, während Tourrettes-sur-Loup seit dem Mittelalter Zentrum der Tuchherstellung ist. Beliebt sind hand-

Die Kathedrale von Marseille zeigt sich in neoromanisch-byzantinischer Pracht

werklich hergestellte Santons, Krippenfiguren biblischer und profaner Art, die vor Weihnachten auf speziellen Märkten angeboten werden, so in Fréjus oder Le Lavandou.

> *»Als ich begriff, dass ich jeden Morgen aufs Neue dieses Licht sehen würde, konnte ich mein Glück kaum fassen.«*
>
> Henri Matisse (1869–1954), französischer Maler

Sommer, Sonne, Meer

Côte d'Azur wird meist gleichgesetzt mit kilometerlangen Badestränden. Die gibt es, zur Freude vieler Urlauber. Doch die Landschaft zeigt sich wesentlich abwechslungsreicher. Die Calanques, die Fjordlandschaft zwischen Marseille und Cassis, dazu das Massif des Maures und vor allem das faszinierende Massif de l'Esterel bieten einen interessanten Kontrast zu den flachen Stränden. Das nackte purpurfarbene Felsgestein des Esterel, das Blau des Mittelmeers und die grün überwucherten Mini-Inseln und Steine im Wasser bilden ein grandioses Farbspiel. Kleine Buchten ermöglichen sogar ein wenig Abgeschiedenheit unweit des Trubels.

Für jeden etwas

Wanderer, Rad- und Motorradfahrer haben viel Platz im Hinterland der Küste. Religionsgeschichtlich Interessierte finden nördlich von Toulon zwei Highlights: die Grotte der Maria Mag-

Im Hafen ankern die Jachten vor der malerischen Kulisse der Altstadt von Cannes

dalena und das Zisterzienser-Kloster Abbaye du Thoronet. Noch weiter im Norden erleben in den Schluchten des Verdon vor allem Kletterer und Wildwasserfahrer ihr Dorado. Das Hinterland von Nizza ist zu allen Jahreszeiten ein Genuss. Einsame Wälder und Täler, Bergseen, gewaltige Gipfel und als streng geschützte Landschaft der Nationalpark Mercantour mit Vögeln, Steinböcken und seltenen Pflanzen, in seiner Mitte das »Tal der Wunder« mit vorgeschichtlichen Felszeichnungen. Entgegen manchem Vorurteil wird im Süden Frankreichs auf Naturschutz immer mehr Wert gelegt – nicht immer zur Freude der Touristikindustrie. Doch Besucher schätzen den pfleglichen Umgang mit der Natur, wollen sie sich doch auch weiterhin an der »blauen Küste« erfreuen.

Region Provence-Alpes-Côte d'Azur

Wichtige Städte Marseille (Hauptstadt, 850 000 Einw.), Nizza (zweitgrößte Stadt, 340 000 Einw.), Monaco (selbstständiges Fürstentum, 32 000 Einw.)

Départements Marseille liegt im Département Bouches-du-Rhône, die Côte d'Azur ab Bandol in den Départements Var und Alpes-Maritimes

Sprache Französisch, dazu Okzitanisch mit den Dialekten Provençau Maritim und Nissart

Religion katholisch

Währung Euro

Fläche und Einwohner Marseille sowie die Départements Var und Alpes-Maritimes: Fläche ca. 10 600 km² und etwas mehr als 3 Mio. Einw. (vgl. Hessen: 21 115 km², 6,092 Mio. Einw.)

Berühmte Bewohnerinnen der Region Brigitte Bardot, Caroline von Hannover

Das lieben Provenzalen In der Bar sitzen und aufs Meer blicken, Pastis trinken, Boule spielen

Bekannteste Künstler Pablo Picasso, Gilbert Bécaud, Jean Cocteau

Gelebtes Sprichwort »Der Mut ist wie ein Regenschirm. Wenn man ihn am dringendsten braucht, fehlt er einem.« Fernandel (eigentlich Fernand Joseph Désiré Contandin), geb. 1903 in Marseille

Das will ich erleben

Meer und Berge prägen das Leben an der Côte d'Azur. Daher stehen Baden, Surfen und Bootfahren sowie Wandern und Radfahren bei Besuchern in der Beliebtheit ganz oben. Doch um Land und Menschen kennenzulernen, muss man ins tägliche Leben der Provenzalen eintauchen. Die Märkte in jeder Stadt und jedem Dorf bieten dafür eine gute Gelegenheit. Und man sollte sich Zeit nehmen für die großartigen Kunstwerke, die hier über Jahrhunderte hinweg geschaffen wurden. Museen, Kirchen und prächtige weltliche Bauten zeigen anschaulich die Kreativität der Maler, Bildhauer und Architekten.

Die Werke der großen Maler

Das Licht des Südens lockte viele Künstler an die Côte d'Azur. Die meisten durchlebten hier intensive Schaffensperioden. Und einige hinterließen als Dank viele ihrer Bilder einem Museum oder der Stadt als Schenkung – wie Henri Matisse oder Pablo Picasso.

Wanderfreuden

Schon von der Küste aus sind die Berge deutlich zu sehen. Tagsüber zum Skilaufen in den Seealpen, abends im Café am Meer – das ist in Nizza und seinem Hinterland im Winter kein Problem. Und im Sommer locken Wanderungen durch den unberührten Mercantour-Nationalpark.

Wein probieren

Côtes de Provence heißt die größte Appellation im Süden. Doch neben fruchtigen Massenweinen entstehen in einigen Anbaugebieten auch charaktervolle weiße und rote Tropfen, für die man gern ein paar Euro mehr ausgibt.

Shoppen auf munteren Märkten

Über die Märkte zu bummeln macht Spaß, selbst wenn man gar nichts kaufen möchte. Hier ein Stückchen Käse der Region naschen, dort eine heimische Wurst probieren – und ehe man sichs versieht, zieht man doch schwer bepackt mit Köstlichkeiten von dannen.

Spaß mit der Familie

Es muss ja nicht immer Strand sein. Zur Abwechslung kann man auch mal Vögel aus anderen Teilen der Erde bewundern, sich die Welt am Meeresboden ansehen oder Meeresbewohner aus aller Welt bestaunen.

Beeindruckende Kirchen

Kathedralen, Kirchen und Kapellen sind an der Côte d'Azur allenthalben anzutreffen. Der katholische Glaube spielte jahrhundertelang eine dominante Rolle. Doch auch russische Adlige haben sich einst für ihre langen Winteraufenthalte einen Ort der Besinnung geschaffen.

Spannende Häfen

In Küstenorten ist oft der Hafen quirliger Mittelpunkt des Lebens. An der Côte d'Azur hat die Schifffahrt eine lange Tradition. Auch wenn immer noch Fischfang betrieben wird, dominieren heute luxuriöse Jachten.

Spektakuläre Museen

Aufsehen erregt bereits das Äußere: der Kubus, in dem sich das MuCEM in Marseille verbirgt, oder die Marmortürme des MAMAC in Nizza. Auch die Fondation Maeght und die Villa Ephrussi de Rothschild sind optische Glanzpunkte.

Tolle Strände

Die Côte d'Azur ist reich an Stränden unterschiedlichen Charakters. Es gibt Fels-, Kies- und Sandstrände, viel besuchte Küsten und einsame Buchten – und es gibt solche, die in privater Hand sind und mit teuren Restaurants aufwarten. Das azurblaue Wasser ist aber auch dort für alle da.

7 Sanary-sur-Mer 38
Auswahl an mehreren feinen Sandstränden

16 Le Lavandou 56
Langer Sandstrand mit kleinen Buchten

18 Plage de Pampelonne, Ramatuelle 59
Der Tummelplatz der Haute-Volée

Aufregende Feste

Jeder Ort feiert mindestens einmal pro Jahr, und das meist mehrere Tage lang. Häufig mit religiösem Hintergrund, aber heute überwiegend als fröhliches weltliches Treiben. Glanzlichter sind die Feste in Nizza und Menton.

15 Blumenkorso, Bormes-les-Mimosas 56
Bunter Festzug im Zeichen der Mimosenblüte

17 Maronenfest, Collobrières 59
Umzug, Folklore und Stände rund um die Esskastanie

34 Karneval in Nizza 92
Größtes und ausschweifendstes Fest der Côte d'Azur

40 Zitronenfest, Menton 106
Korsos, Feuerwerk und riesige Zitronenskulpturen

Durch Gärten bummeln

In der sommerlichen Hitze bieten die Parks und Gärten entlang der Küste eine erfrischende Abwechslung. Sie entstanden, als Einheimische oder Dauerbesucher von ihren Reisen in alle Welt seltene Gewächse mitbrachten.

17 Domaine du Rayol 58
Pflanzen aus aller Welt in Rayol-Canadel-sur-Mer

34 Parc Phoenix, Nizza 96
Botanischer Park mit See und riesigem Gewächshaus

37 Jardin d'Èze 99
Kakteen, Sukkulenten und eine Tropfsteinhöhle

40 Jardins Serre de la Madone, Menton 107
Seltene Pflanzen aus subtropischen Regionen

Unterwegs

Typisch Côte d'Azur: An der Flaniermeile Promenade des Anglais zeigt sich Nizza mondän, nur wenige Meter weiter präsentiert sich die Altstadt charmant-dörflich

NEGRESCO
CHANTECLER

Von Marseille nach Toulon

Die Hafenmetropole, die Calanques sowie lebhafte Orte zum Wandern und Baden bieten einen tollen Einstieg in das Erlebnis Côte d'Azur

Nachdem die zweitgrößte Stadt Frankreichs zur Kulturhauptstadt Europas 2013 ernannt wurde, hat sich die Innenstadt rund um den Alten Hafen stark gewandelt. Besucher können auf den breiten Promenaden flanieren, spektakuläre Museen wie das MuCEM sind entstanden, und die Festungsanlagen an der Hafeneinfahrt wurden harmonisch in die neue Gestaltung einbezogen. Unbedingt einen Besuch wert sind die großen Kirchen der Stadt und die früheren Docks im Viertel La Joliette. Seinen Charme erhalten hat sich das Panier-Viertel, ebenso die arabisch geprägten Gassen rund um den Markt von Noailles. Und Fußballfans bietet das Stadion von Olympique Marseille eine wahre Kultstätte. Direkt am westlichen Stadtrand beginnen die Calanques, ein Kalksteinmassiv, das sich bis Cassis erstreckt. Die Buchten in diesem Nationalpark sind teils nur zu Fuß zu erreichen, Wanderer entdecken seltene Vögel und eine vielfältige Pflanzenwelt. Auch für Segler, Taucher und Schwimmer ein wahres Paradies. Perle der Calanques ist der frühere Fischerort Cassis, sehenswert auch der Nachbarort La Ciotat. Schnuckelige Häfen und feine Sandstrände prägen die Küste bis Toulon – dem Hafen der Kriegsmarine. Bandol hat daneben noch ein ganz anderes Highlight zu bieten: seine kraftvollen Rotweine. Und Sanary-sur-Mer ist international bekannt geworden als Exil für berühmte deutsche Künstler, die hier Zuflucht vor den Nazis suchten.

In diesem Kapitel:

ADAC Top Tipps:

1 Alter Hafen von Marseille
| Hafen |
Das Herz der Stadt schmückt sich mit Promenaden, Bars und Restaurants, Jachten und Ausflugsbooten zu den Frioul-Inseln sowie beeindruckenden Festungsanlagen. 19

2 **Calanques**
| Küstenlandschaft |
Die Fjordlandschaft zwischen Marseille und Cassis ist ein Traum mit blauen Buchten und schroffen Felsen, Heimat seltener Tiere und vielfältiger Pflanzenwelt, ideal zum Baden, Tauchen und Segeln. 30

ADAC Empfehlungen:

1 MuCEM, Marseille
| Museum |
In faszinierender Architektur widmen sich die großartigen Ausstellungen den Zivilisationen Europas. 22

2 Notre-Dame-de-la-Garde, Marseille
| Kirche |
Das Wahrzeichen der Metropole, deren Turm mit einer fast 10 m hohen Marienfigur bekrönt ist, thront weithin sichtbar hoch über der Stadt. 27

3 Palais Longchamp, Marseille
| Museum |
Der Monumentalbau wurde einst errichtet, um die Wasserversorgung Marseilles zu würdigen. 27

4 Chez Fonfon, Marseille
| Restaurant |
Eine Institution: Hier am Fischerhafen Vallon-des-Auffes gibt es die beste Bouillabaisse. 29

5 Château d’If, Marseille
| Festung |
Auf den Spuren Alexandre Dumas': Auf der Marseille vorgelagerten Insel If befindet sich der Kerker des Grafen von Monte Christo. 29

1 Marseille

Eine Metropole mit unvergleichlichem Flair

Trutzig wacht das Fort St-Jean darüber, wer in den Hafen von Marseille einfährt

i Information

- Office de tourisme et des congrès, 11, la Canebière, 13001 Marseille, Tel. 08 26 50 05 00, www.marseille-tourisme.com/al
- Parken siehe S. 23

Marseille ist nicht brav, Marseille ist wild, hier herrscht ein gebändigtes Chaos. Das Sprachgewirr macht den Reiz des Alltags aus: Viele Einwohner haben nordafrikanische Wurzeln, andere sprechen im charakteristischen Marseiller Slang. Seit jeher war die Stadt ein Stützpunkt für den Seehandel, und noch heute ist der Hafen ein wichtiger Wirtschaftsfaktor. Einst ankerten Frachtschiffe im Vieux Port, dem Alten Hafen, der jetzt als Liegeplatz für Jachten und Startpunkt für Ausflugsboote zum Château d'If und den Frioul-Inseln dient. Der einstige schlechte Ruf der Hafenstadt mit hoher Kriminalität hat sich seit Mitte der 1990er-Jahre gewandelt. Die früheren Docks im Joliette-Viertel wurden entkernt, in Vorbereitung des Jahrs 2013, in dem Marseille als Kulturhauptstadt Europas ausgezeichnet wurde, krempelte man das Zentrum gehörig um. Rund um den Alten Hafen wurde mehr Platz zum Flanieren geschaffen, Autofahrer hingegen mussten sich einschränken, alte Bauten wurden pracht-

voll restauriert und mit dem MuCEM ein Kunstzentrum geschaffen, das sich zu einem herausragenden kulturellen und architektonischen Wahrzeichen der Stadt entwickelt hat.

Alter Hafen und nördlich des Vieux Port

1 *Das Herz der Metropole hat einen gelungenen Wandel erfahren*

Durch die Verlegung des Industriehafens nach Fos-sur-Mer nordwestlich von Marseille konnten die früheren Lagerhäuser neu genutzt werden. Das angrenzende Panier-Viertel hat seinen Charakter weitgehend erhalten.

Plan S. 20/21

Sehenswert

1 Quai des Belges

| Hafenrand |

Das östliche Ende des Hafens bildet der Quai des Belges, an dem jeden Morgen die Fischer den Fang der letzten Stunden zum Verkauf anbieten. Architekt Norman Foster ließ hier die Chrom-Kuppel L'Ombrière mit einem Spiegeldach installieren, in dem Fußgänger sich selbst in ungewohnter Perspektive sehen.

ADAC *Mobil*

Um von einer Seite des Hafens zur anderen zu gelangen, bietet sich das **Ferry Boat** an, ein kurzer Trip für 50 Cent, mit dem man vom Rathaus (Hôtel de Ville) am nördlichen Ufer zur Bar de la Marine auf der südlichen Seite kommt.

2 Fort St-Jean

| Festung |

Die nördliche Hafeneinfahrt wurde einst durch das Fort St-Jean gesichert, erbaut im 17. Jh. Ludwig XIV. hatte vorausschauend eingeplant, dass die Kanonen sowohl auf fremde Angreifer als auch auf die oft aufmüpfige Stadt gerichtet werden konnten. Wehrgänge und Gewölbesäle sind kostenlos zu erkunden. Für die wechselnden Ausstellungen gibt es ein Kombiticket mit dem MuCEM, zu dem die Festungsanlage heute gehört und zu dem man über eine schmale Brücke gelangt. Eine andere Brücke verbindet das Fort mit dem historischen Panier-Viertel.

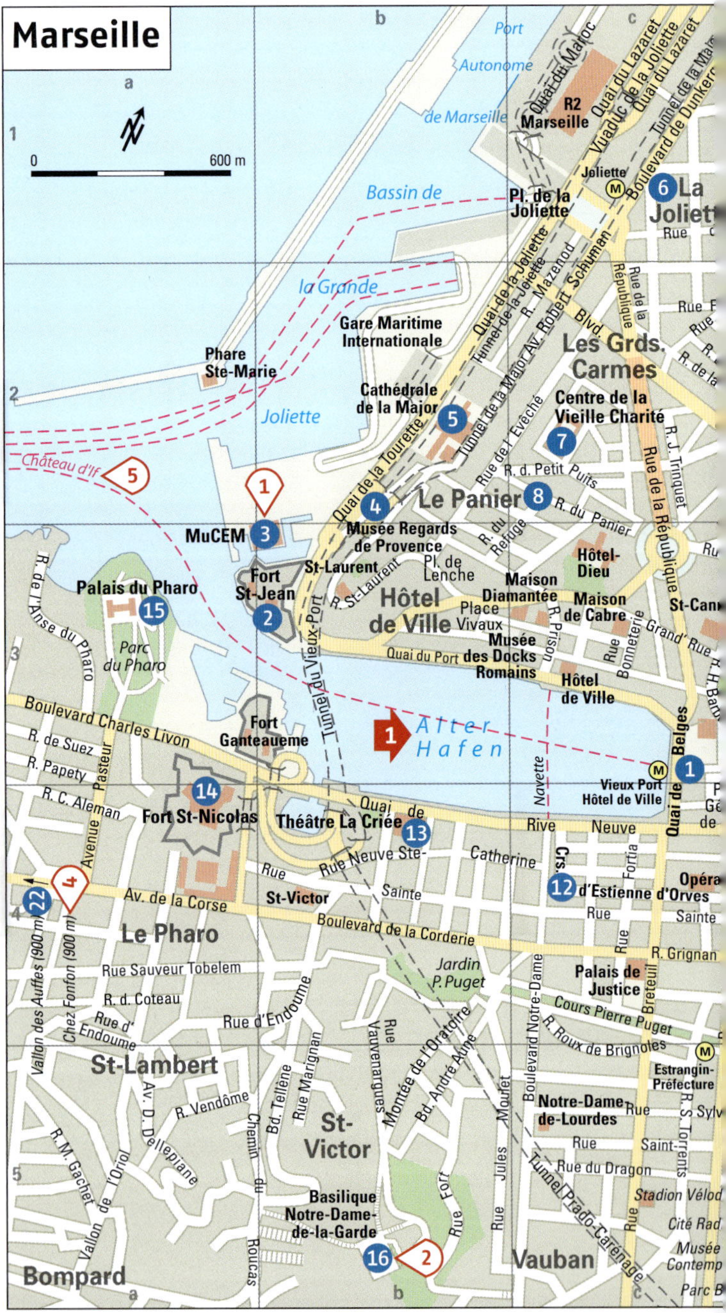
Marseille
0
600 m
Port
Autonome
de Marseille
Bassin de
la Grande
Joliette
Phare
Ste-Marie
Gare Maritime
Internationale
Cathédrale
de la Major
Château d'If
MuCEM
Fort
St-Jean
St-Laurent
Palais du Pharo
Parc
du Pharo
Fort
Ganteaume
Alter
Hafen
Fort St-Nicolas
Théâtre La Criée
Le Pharo
St-Lambert
St-
Victor
Basilique
Notre-Dame-
de-la-Garde
Bompard
Vauban
Pl. de la
Joliette
R2
Marseille
Joliette
La
Joliette
Les Grds.
Carmes
Centre de la
Vieille Charité
Le Panier
Musée Regards
de Provence
Pl. de
Lenche
Hôtel
de Ville
Place
Vivaux
Maison
Diamantée
Musée
des Docks
Romains
Hôtel-
Dieu
Maison
de Cabre
Hôtel
de Ville
Vieux Port
Hôtel de Ville
Opéra
Palais de
Justice
Jardin
P. Puget
Notre-Dame-
de-Lourdes
Estrangin-
Préfecture
Stadion Vélod
Cité Rad
Musée
Contemp
Parc B
St-Can
Quai du Lazaret
Viaduc de la Joliette
Quai du Lazaret
Tunnel de la Major
Boulevard de Dunkerque
Quai du Maroc
Quai de la Joliette
Tunnel de la Joliette
R. Mazenod
Av. Robert Schuman
Blvd.
Rue de la République
Quai de la Tourette
Tunnel de la Major
Rue de l'Evêché
R. d. Petit Puits
R. du Panier
R. du Refuge
R. St-Laurent
Quai du Port
R. Prison
Rue Bonneterie
Grand' Rue
R. J. Trinquet
Tunnel du Vieux-Port
Navette
Quai de Belges
Quai de Rive Neuve
Rue Neuve Ste-Catherine
Rue Sainte
Rue St-Victor
Crs. d'Estienne d'Orves
Rue Fortia
Rue Sainte
R. Grignan
Boulevard de la Corderie
Av. de la Corse
R. de l'Anse du Pharo
Boulevard Charles Livon
R. de Suez
R. Papety
R. C. Aleman
Avenue Pasteur
Vallon des Auffes (900 m)
Chez Fonfon (900 m)
Rue Sauveur Tobelem
R. d. Coteau
Rue d'Endoume
Rue d'Endoume
Av. D. Dellepiane
R. Vendôme
R. M. Gachet
Vallon de l'Oriol
Chemin du Roucas
Bd. Tellène
Rue Marignan
Rue Vauvenargues
Montée de l'Oratoire
Bd. André Aune
Rue Fort
Rue Jules Mouret
Boulevard Notre-Dame
Tunnel Prado-Carénage
Cours Pierre Puget
R. Roux de Brignoles
Rue Breteuil
Rue Saint-
Rue du Dragon
R. S. Torrents
Rue Sylv

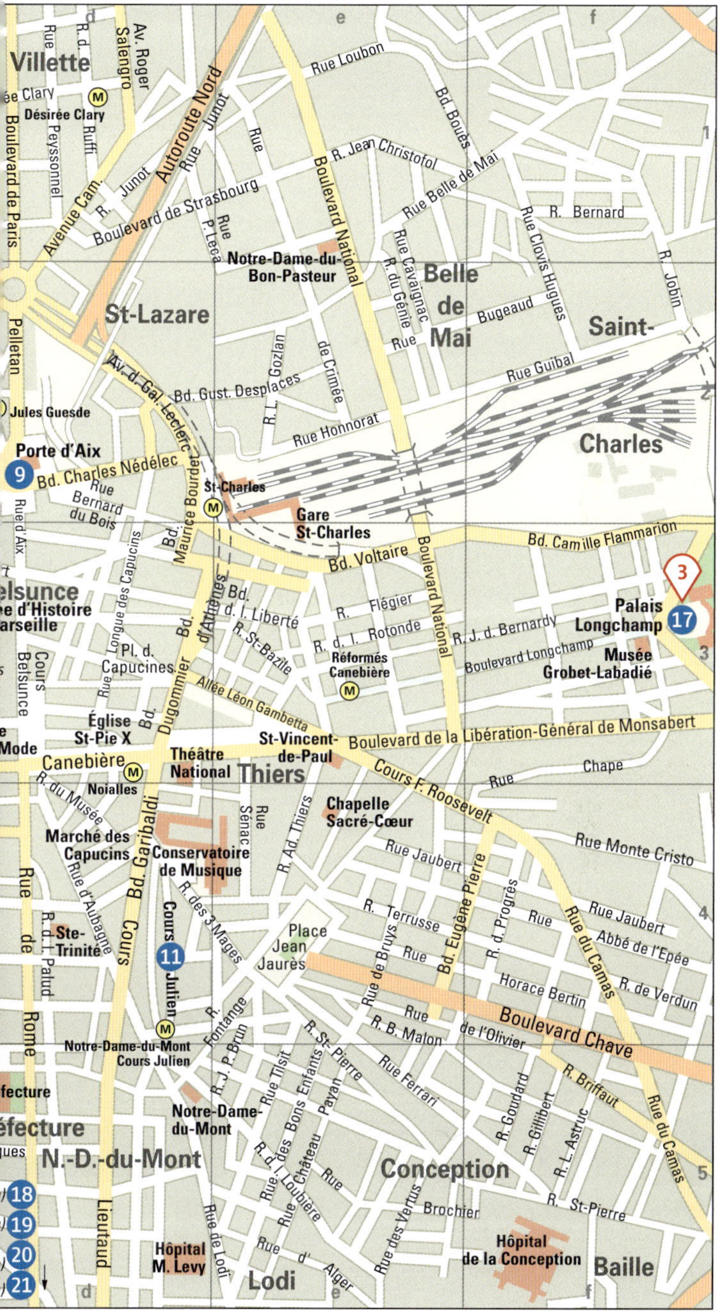
Villette
Désirée Clary
Rue Peyssonnel
R. d. Ruffi
Av. Roger Salengro
Boulevard de Paris
Avenue Cam.
R. Junot
Rue Junot
Autoroute Nord
Boulevard de Strasbourg
Rue P. Leca
Rue Loubon
Boulevard National
R. Jean Christofol
Bd. Bouès
Rue Belle de Mai
R. Bernard
Rue Clovis Hugues
R. Jobin
Notre-Dame-du-Bon-Pasteur
Rue Cavaignac
R. du Génie
Belle de Mai
Bugeaud
Saint-Charles
St-Lazare
Pelletan
Av. d. Gal. Leclerc
Bd. Gust. Desplaces
R. L. Gozlan
de Crimée
Rue Guibal
Rue Honnorat
Jules Guesde
Porte d'Aix
9
Bd. Charles Nédélec
Rue Bernard du Bois
Bd. Maurice Bourdet
St-Charles
Gare St-Charles
Bd. Voltaire
Bd. Camille Flammarion
3
Palais Longchamp
17
Musée Grobet-Labadié
Rue d'Aix
Belsunce
Musée d'Histoire de Marseille
Cours Belsunce
Rue Longue des Capucins
Pl. d. Capucines
Bd. Dugommier
Bd. d'Athènes
Bd. d. l. Liberté
R. St-Bazile
R. Flégier
R. d. l. Rotonde
Réformés Canebière
R. J. d. Bernardy
Boulevard Longchamp
Allée Léon Gambetta
Église St-Pie X
St-Vincent-de-Paul
Boulevard de la Libération-Général de Monsabert
Mode
Canebière
Noailles
Théâtre National
Thiers
Cours F. Roosevelt
Rue Chape
R. du Musée
Rue Sénac
R. Ad. Thiers
Chapelle Sacré-Cœur
Marché des Capucins
Rue d'Aubagne
Conservatoire de Musique
Bd. Garibaldi
Rue Jaubert
Bd. Eugène Pierre
Rue Monte Cristo
R. des 3 Mages
Cours Julien
11
R. Terrusse
R. d. Progrès
Rue Abbé de l'Epée
Rue Jaubert
Ste-Trinité
R. d. l. Palud
Rue de Rome
Place Jean Jaurès
Rue de Bruys
Rue du Camas
Horace Bertin
R. de Verdun
R. Fontange
Rue de l'Olivier
Boulevard Chave
R. J. P. Brun
R. B. Malon
Notre-Dame-du-Mont Cours Julien
R. St-Pierre
Rue Ferrari
Rue Tilsit
R. des Bons Enfants
Payan
R. Goudard
R. Gillibert
R. L. Astruc
R. Briffaut
Préfecture
Notre-Dame-du-Mont
N.-D.-du-Mont
R. d. l. Loubière
Rue Château
Conception
Rue des Vertus
Rue Brochier
R. St-Pierre
18
19
20
21
Lieutaud
Rue de Lodi
Hôpital M. Levy
Rue d'Alger
Lodi
Hôpital de la Conception
Baille
d
e
f
1
2
3
4
5

Plan S. 20/21

ADAC *Spartipp*

Der **Marseille City-Pass** bietet freien Eintritt zu vielen Museen der Stadt, eine Bootstour zum Château d'If, freie Fahrt mit Métro, Bus und Straßenbahn, eine Fahrt mit dem kleinen Zug zur Kirche Notre-Dame-de-la-Garde, dazu viele weitere Ermäßigungen. *Erhältlich beim Office de Tourisme (S. 18), Preise: 1 Tag 26 €, Kinder (7–15 J.) 17 €, 2 Tage 33 €/20 €), 3 Tage 41 €/23 €*

3 MuCEM

| Museum |

1 *Faszinierende Architektur und großartige Ausstellungen*

Ein gewaltiger Kubus erhebt sich neben dem Fort St-Jean: das MuCEM, Museum der Zivilisationen Europas und des Mittelmeers, erbaut vom französischen Architekten Rudy Ricciotti und eröffnet im Sommer 2013. Aus der Ferne ein grober, dunkler Klotz, offenbart sich der Bau aus der Nähe als ein filigranes Gespinst, das an ein Holzgeflecht erinnert, aber aus witterungsbeständigem Stahl besteht. Neben der ständigen Ausstellung zur Kultur vor allem des Mittelmeerraums finden wechselnde Ausstellungen statt.

■ 1, espl. du J4, www.mucem.org, Nov.–April Mi–Mo 11–18, Mai, Juni, Sept., Okt. 11–19 (Fr bis 22), Juli, Aug. 10–20 Uhr (Fr bis 22 Uhr), 9,50 €, Kinder frei

4 Musée Regards de Provence

| Museum |

Eingerichtet 1948 als medizinische Station, die bei eingeschleppten Epidemien die Kranken versorgen sollte, zeigt das Museum neben der Geschichte der einstigen Gesundheitsstation etwa 850 Werke bekannter Künstler aus dem Süden Frankreichs. Hinzu kommen wechselnde Ausstellungen. Das Regards Café bietet neben Speisen und Getränken einen tollen Blick über den Hafen.

■ Av. Vaudoyer, www.museeregardsdeprovence.com, tgl. 10–18 Uhr, 3,50 €, Kinder 3 €

5 Cathédrale de la Major

| Kirche |

Der größte kirchliche Bau von Marseille erweckt mit seinen Kuppeln und Glockentürmen, dem reichhaltigen Skulpturenschmuck, den Rundbögen und Dreiecksgiebeln sowie den verschiedenen Farbtönen des verwendeten Gesteins den Eindruck eines byzantinischen Bauwerks. Das war vom Architekten Espérandieu durchaus beabsichtigt: Sein Auftraggeber Napoléon III. wollte mit diesem 1852 fertig gestellten Bau gleichermaßen die katholische Kirche und das Volk von Marseille erfreuen sowie dem Handel mit dem Orient Tribut zollen.

■ Place de la Major, Juni–Sept. Di–So 10–19, sonst 10–18 Uhr

Gefällt Ihnen das?

Wenn Sie sich für eindrucksvolle Sakralbauten interessieren, besuchen Sie auch **Notre-Dame-de-la-Garde** in Marseille (S. 27), die **Kapelle du Rosaire** in Vence (S. 80) oder die **Kapelle St-Pierre** in Villefranche-sur-Mer (S. 97).

6 Joliette-Viertel

| Ehemaliges Hafenviertel |

Die früheren Docks von Marseille sind kaum wiederzuerkennen. Restaurants,

Galerien und Geschäfte prägen heute die alten Lagerhallen, die »voûtes«. Daran schließt sich Les Docks Village mit Bistros und Boutiquen an, dessen einstige Funktion als Industriegebäude nur noch von außen sichtbar ist. Im Silo, dem einstigen Getreidespeicher, befindet sich ein städtisches Kulturzentrum. Gegenüber, direkt am Wasser liegen Les Terrasses du Port, ein Einkaufszentrum mit Dachterrasse, von der man den Blick übers Meer bis zu den Frioul-Inseln und der L'Estaque-Küste schweifen lassen kann.

■ www.voutesdelamajor.com, www.lesdocks-marseille.fr, www.lesterrassesduport.com

ADAC *Mobil*

Fahrräder können an 130 Stationen im Stadtgebiet rund um die Uhr ausgeliehen werden, Bezahlung per Kreditkarte (Master, Visa). *Weitere Auskünfte unter www.levelo-mpm.fr*

7 Vieille Charité

| Museum |

Das frühere Hospiz Vieille Charité beherbergt heute das Museum mediterraner Archäologie und das Museum mit Kunst aus Afrika, Ozeanien und Südamerika, dazu Buchhandlung, Bar und Restaurant.

■ 2, rue de la Charité, www.marseille.fr/siteculture, Di–So 10–18 Uhr, 5 € pro Museum, Kombi-Ticket 8 €, Kinder frei

8 Panier-Viertel

| Historisches Viertel |

Das Panier-Viertel, das alte Marseille, ist ein Stück mediterraner Lebensart – auch nach seiner Restaurierung liebenswürdig, mit netten Gassen wie der Montée des Accoules oder der Rue du Panier. Beim Bummel findet man zahlreiche Kunstgalerien, kleine nette Restaurants und schnuckelige Plätze, geschmückt von fantasievollen Wandmalereien.

P Parken

Ein zentrales Parkhaus ist das Vieux Port-La Criée (0,70 €/15 Min). Alle Parkhäuser finden sich aufgelistet unter www.vincipark.com.

Verkehrsmittel

Vom Quai des Belges am Ende des Alten Hafens legen die Ausflugsschiffe zum Château d'If und zu den Frioul-Inseln ab (Fahrdauer 20 bzw. 30 Min., Kartenverkauf vor Ort, Kinder unter 4 J. frei). Auch zu den Calanques, nach Cassis oder zum Stadtstrand Pointe Rouge legen hier die Boote ab.

Restaurants

€€ | Un Sourire sous l'Olivier Leichte und raffinierte Meeresküche ■ 4, rue Lacydon, Tel. 04 91 52 75 42, Fr, Sa mittags geschl., Plan S. 20/21, c3

€€€ | Une Table au Sud Hier kommen die fangfrischen Fische aus dem Mittelmeer perfekt zubereitet auf den Tisch. ■ 2, quai du Port, Tel. 04 91 90 63 53, www.unetableausud.com, So, Mo, Aug. geschl., Plan S. 20/21, c3

Cafés

€ | Le Charité Café Kleine Leckereien in der Vieille Charité nach dem Museumsbesuch ■ 2, rue de la Charité, Di–So 9–17 Uhr, Plan S. 20/21, c2

Östlich und südlich des Vieux Port

Bewährtes und Neues hat sich hier zu einem harmonischen Ganzen gefügt

Seit die Stadt nach Süden erweitert wurde, hat sich einiges verändert. Besonders in den vergangenen Jahrzehnten haben einige Plätze ein neues, lebendigeres Gesicht erhalten.

Sehenswert

9 Porte d'Aix

| Triumphbogen |

Vom geografischen Mittelpunkt der Stadt, dem Cours Belsunce, sieht man zur einen Seite, die schnurgerade Einkaufsstraße Rue de Rome entlang, den Springbrunnen am Platz Castellane, an dem ein täglicher Markt stattfindet. Zur anderen Seite hin fällt der Blick auf den Triumphbogen Porte d'Aix mit sehenswerten Skulpturen – im altrömischen Stil errichtet, aber aus dem 19. Jh. stammend.

10 Musée d'Histoire de Marseille

| Museum |

Das Museum über die Geschichte der Stadt wurde 2013, als Marseille Kulturhauptstadt Europas war, komplett neu gestaltet. Von der Vorgeschichte über Griechen, Römer, Kelto-Liguren und das Mittelalter sind alle Epochen hier präsentiert. Eines der Highlights ist das antike römische Handelsschiff aus dem 3. Jh., dazu im Garten eine gepflasterte Straße aus der Römerzeit, eine Nekropole und eine riesige Sammlung von Töpferwaren. Teil des Museums ist der Port antique mit Befestigungsanlagen aus griechischer Zeit und antiken Kaianlagen.

■ 2, rue Henri-Barbusse, www.musee-histoire-marseille-voie-historique.fr, Di–So 10–18 Uhr, 5 €, Kinder frei

11 Cours Julien

| Stadtviertel |

Die weitläufige Fußgängerzone galt einst als gefährliches Viertel der Drogendealer. Heute ist die Gegend ein Zentrum der Street Art, ein Boheme-Viertel, fast alle Häuser sind mit künstlerischen Graffitis und Wandmalereien geschmückt. Ein Szene-Treffpunkt mit vielen Cafés, Bars und Restaurants, daneben eine Vielzahl von originellen Boutiquen, Galerien und Antiquitätengeschäften.

12 Cours d'Estienne d'Orves

| Stadtviertel |

Rund um diesen Platz nahe am Hafen – früher Place aux Huiles – findet man Restaurants sowie Weinbars, kleine Boutiquen und Galerien.

ADAC *Wussten Sie schon?*

Die Bücher von Marcel Pagnol sind zwar Pflichtlektüre in französischen Schulen, dennoch bei nahezu allen Schülern beliebt. Bei der Verfilmung der Marseille-Trilogie (»Marius«, »Fanny« und »César«) spielen viele Szenen in der **Bar de la Marine** auf der südlichen Seite des Alten Hafens. Die traditionelle Bar erfreut sich bei Einheimischen und Touristen großer Beliebtheit.
15, quai de Rive Neuve

13 Théâtre La Criée

| Nationaltheater |

Das engagierte Theater ist in der früheren Fischauktionshalle untergebracht und bietet auch Konzerte, Tanz,

Auch Marseille kann mit einem Triumphbogen aufwarten: Porte d'Aix

Ausstellungen und Lesungen. Die ursprüngliche Fassade blieb erhalten, der Saal gewährt 800 Zuschauern Platz.

■ 30, quai du Rive-Neuve, www.theatre-lacriee.com

14 Fort St-Nicolas

| Festung |

Auf der südlichen Seite sollte der Hafen durch das Fort St-Nicolas geschützt werden. Der zuvor dort stehende Bau besaß eine Kette, um den Hafen zu versperren. Bei einem Angriff der Aragonier wurde diese jedoch geraubt und ist jetzt im Museum von Valencia ausgestellt. 1423 wurde der heutige rechteckige Turm erbaut, der schlankere Signalturm im Jahr 1644.

15 Palais du Pharo

| Palast |

Über den Boulevard Charles Livon erreicht man den auf einem kleinen Hügel liegenden Palais du Pharo, den Napoléon III. für seine Frau erbauen ließ. Das kaiserliche Paar hat den mächtigen Palast jedoch nie bewohnt, und nach dem Tod ihres Gatten vermachte Kaiserin Eugénie das Gebäude der Stadt Marseille. Heute dient es für Kongresse, der angrenzende Garten ist zu besichtigen.

Restaurants

€ | **Toinou** Frische Meeresfrüchte vom Feinsten. ■ 3, cours St-Louis, Tel. 04 91 33 14 94, www.toinou.com, tgl. 11.30–22 Uhr, Plan S. 20/21, d4

€€ | **Le Bistrot à Vin** Ganz egal, was auf den Tisch kommt – es schmeckt vorzüglich, gute Weinauswahl. ■ 17, rue Sainte, Tel. 04 91 54 02 20, Mo mittags, Di–Sa, Plan S. 20/21, c4

€€ | **Le Bistro du Cours** Das wohl beste Bistro am Cours Julien. ■ 13, cours Julien,

Tel. 04 86 97 59 11, www.bistroducours.com, Di–Sa, Plan S. 20/21, d4

€€ | **L'Oliveraie** Einfache provenzalische Speisen von sehr guter Qualität. ■ 10, pl. aux Huiles, Tel. 04 91 33 34 41, Mo–Fr, Sa abends, Plan S. 20/21, c4

€€ | **Paule et Kopa** Gute mediterrane Küche. ■ 42, pl. aux Huiles, Tel. 04 91 33 26 03, Mo–Sa, Plan S. 20/21, c4

Cafés

€ | **Kaffeerösterei Noailles** Marseiller Institution zum Tee- und Kaffeetrinken, gutes Kaffeeangebot, köstliches Gebäck. ■ Torrefaction Noailles, 68, bd. St-Jean, www.noailles.com, Mo–Sa 7.30–19.30 Uhr, Plan S. 20/21, d4

Einkaufen

Maison Empereur Traditionsladen im Retro-Stil, der auf zwei Etagen eine riesige Auswahl an Messern, Töpfen und Haushaltswaren bereithält. ■ 4, rue des Récolettes, www.empereur.fr, Mo–Sa 9–19 Uhr, Plan S. 20/21, d4

Marché du Prado An der Place Castellane findet täglich ein Markt mit Lebensmitteln, Kleidung und allerlei Schnickschnack statt, auf dem man in den Marseiller Alltag eintauchen kann. ■ Pl. Castellane, Mo–Sa 7.30–13.30 Uhr, Plan S. 20/21, südl. d5

Marché des Capucins Direkt an der Métrostation Noailles beginnt dieser arabische Markt. Einen Besuch wert ist das Saladin mit Gewürzen aus aller Welt und der Kräuterladen Père Blaize. ■ Mo–Sa 8–19 Uhr, Plan S. 20/21, d4

Kneipen, Bars und Clubs

La Part des Anges Kleine nette Weinbar. ■ 33, rue Sainte, Di–So 9–2 Uhr, Plan S. 20/21, c4

Das Palais de Longchamp setzte der Wasserversorgung in Marseille ein Denkmal

Außerhalb des Zentrums

Marseilles spektakuläre Sehenswürdigkeiten reichen über das Zentrum hinaus

Auch außerhalb der Innenstadt gibt es etliche Attraktionen, die durchaus eine weitere Anreise wert sind. Mit den öffentlichen Verkehrsmitteln sind sie dennoch leicht zu erreichen.

ADAC *Spartipp*

Preiswerter als bei jeder Fahrt mit öffentlichen Verkehrsmitteln ein neues Ticket zu lösen ist der **Pass XL**. Er kostet für einen Tag 5,20 €, für 3 Tage 10,80 € und für 7 Tage 14,50 €, erhältlich u. a. im Office de Tourisme (S. 18).

Sehenswert

16 Notre-Dame-de-la-Garde

| Kirche |

2 *Wahrzeichen der Metropole, hoch über der Stadt thronend*

Weithin sichtbar thront die Kirche im romanisch-byzantinischen Stil auf einem Kalksteinhügel von 154 m Höhe. Die in den Fels gehauene Krypta bildet den unteren Teil, darüber erhebt sich die Basilika. Der Glockenturm besitzt eine Höhe von 60 m, darauf thront eine fast 10 m große vergoldete Figur, die Maria mit dem Jesuskind darstellt. Die »Gute Mutter«, »La Bonne Mère«, nennen die Marseillais die Statue, aber auch die gesamte Kirche. Von der Plattform rund um das Gebäude hat man einen großartigen Blick über Stadt und Meer.

■ Rue de Fort-du-Sanctuaire, www.notredamedelagarde.com, April–Sept, 7–19.15, sonst 7–18.15 Uhr

17 Palais Longchamp

| Museum |

3 *Palast, der einst die Wasserversorgung Marseilles würdigte*

Über die einstige Prachtstraße Canebière gelangt man zum Palais Longchamp. Anlass zur Errichtung des imposanten Gebäudes war die Inbetriebnahme des Canal de Marseille, über den die Stadt ab 1849 mit frischem Wasser aus der Durance versorgt wurde. Realisiert wurde der Bau aber erst 1869. Die halbkreisförmige Monumentalarchitektur mit Wasser- und Gartenanlagen beherbergt heute zwei Museen. Im linken Flügel befindet sich das Museum der Schönen Künste, das wechselnde Ausstellungen zeigt, im rechten das naturhistorische Museum.

■ Musée des Beaux-Arts, www.marseille.fr/siteculture, Di–So 10–18 Uhr, 5 €, Kinder frei

■ Musée d'histoire naturelle, www.mnhn.fr, Di–So 10–18 Uhr, 5 €, Kinder frei

18 Stadion Vélodrome

| Fußballstadion |

Olympique de Marseille, kurz OM, ist für viele Marseiller eine Glaubenssache. Motto des Fußball-Clubs ist »Droit au but«, direkt zum Tor. OM wurde neunmal französischer Meister und als einzige französische Mannschaft Sieger der UEFA-Champions-League. Die Radrennbahn, die dem Stadion seinen Namen verlieh, wurde im Zuge der Weltmeisterschaft 1998 abgerissen. Das Museum und die Boutique des Vereins sind für Fußballfans einen Besuch wert.

■ 3, bd. Michelet, www.lenouveaustadevelodrome.com, einstündige Führung April–Okt. 10–19, sonst 9.30–16.30 Uhr, 13 €, Kinder (unter 12 J.) 8 €

19 Cité Radieuse

| Architektur |

Kurz nach dem Zweiten Weltkrieg schuf der berühmte Architekt Le Corbusier diese Wohnanlage, die damals als revolutionär galt: ein gemeinsames Leben vieler Menschen, nicht beengt, sondern in einem lichtdurchfluteten Ambiente. Heute leben in dem über 2 km langen Gebäude etwa 1500 Menschen, hinzu kommen Restaurant, Hotel, Läden, Schule und Kindergarten.

■ 280, bd. Michelet, www.marseille-citeradieuse.org

20 Musée d'Art Contemporain – MAC

| Museum |

Mehr als 600 Ausstellungsstücke sind in diesem 1994 eröffneten Museum zu sehen. Die Sammlung umfasst Gemälde, Skulpturen, Fotos, Filme und Installationen. Französische Künstler stehen im Mittelpunkt, ein Teil der Ausstellungsräume ist Kulturschaffenden aus Marseille vorbehalten.

■ Av. de Haïfa, www.marseille.fr/siteculture, Di–So 10–18 Uhr, 5 €, Kinder frei

21 Parc Borély

| Park und Museum |

Einst gehörte das Gelände der Händlerfamilie Borély. Heute ist der 17 ha große Park eine der grünen Lungen der Stadt, aufgeteilt in kleinere Gärten unterschiedlichen Stils, darunter das Rosarium und der botanische Garten. Seit 2008 befindet sich im zum Park gehörenden Château das Museum für dekorative Kunst, Fayencen und Mode.

■ Av. du Parc-Borély, tgl. 6–21 Uhr, Eintritt frei, Botanischer Garten: www.marseille.fr/siteculture, Di–So 10–18 Uhr, 3 €, Kinder frei, Museum: Zugang vom Park, Di–So 10–18 Uhr, 5 €, Kinder frei

Im Blickpunkt

Was ist drin in einer echten Bouillabaisse?

Einst war es ein Arme-Leute-Essen, heute können diese es sich nicht mehr leisten. Die Suppe einer echten Bouillabaisse wird aus Tomaten, Fenchel, Zwiebeln, Knoblauch, Thymian, Salbei und Lorbeer zubereitet, hinzu kommt etwas Safran, einige Köche geben auch ein Glas Pastis hinein. Ganz wichtig: Die Fische werden getrennt von der Suppe serviert. Drachenfisch, Knurrhahn und Meeraal gehören nach der wahren Lehre unbedingt dazu, auch Rotbarbe oder Wolfsbarsch eignen sich als Zutaten.

22 Vallon des Auffes

| Fischerhafen |

Ein Mini-Fischerhafen in der Großstadt, abgeschieden vom Trubel – auch wenn im Hintergrund Wohnblocks und die Kirche Notre-Dame-de-la-Garde zu sehen sind. Kleine Häuschen säumen das Hafenbecken, in dem traditionelle Barken, »pointus«, liegen. Über die Einfahrt zum Hafen führt die Corniche Kennedy. Hier prangen an einer Fassade stets riesige Wandgemälde, so acht Jahre lang ein Bild von Zinedine Zidane, in Marseille geboren und beliebtester Fußballstar der Stadt.

Restaurants

€ | **Chez Jeannot** Super Pizzen. ■ 129, rue du Vallon des Auffes, Tel. 04 91 52 11 28, www.pizzeriachezjeannot.com, tgl. geöffnet, Plan S. 20/21, westl. a4

4 **€€€ | Chez Fonfon** Bekannt für die wohl beste Bouillabaisse der Stadt, leider hochpreisig (Bouillabaisse 53 €). ■ 140, rue du Vallon des Auffes, Tel. 04 91 52 14 38, www.chez-fonfon.com, tgl. 12–14, 19–22 Uhr, Plan S. 20/21, westl. a4

€€€ | L'Épuisette Meeresspezialitäten mit Blick auf die Frioul-Inseln. ■ 156, rue du Vallon-des-Auffes, Tel. 04 91 52 17 82, www.l-epuisette.com, So, Mo und Aug. geschl., Plan S. 20/21, westl. a4

€€€ | Le Petit Nice Feinste Mittelmeerküche, ein Highlight zum Urlaubsende. ■ 16–17, rue des Braves, Tel. 04 91 59 25 92, So, Mo geschl., Plan S. 20/21, südl. a5

In der Umgebung

Îles du Frioul (Frioul-Inseln)

| Landschaft |

Vier Inseln bilden das Archipel vor Marseille, das per Fährschiff vom Alten Hafen zu erreichen ist. Tiboulen, die kleinste Insel, ist unbewohnt, Ratonneau und Pomègues sind durch einen Damm miteinander verbunden. Der Hafen Port Frioul auf Ratonneau dient Seglern als Zwischenstation, Taucher lieben die Gewässer rund um die Inseln. Wanderwege führen zu kleinen Buchten oder zum Hôpital Caroline, einem einstigen Krankenhaus aus dem 19. Jh., in dem Gelbfieberkranke aus Marseille behandelt wurden.

Château d'If

| Festung |

5 *Der Kerker des Grafen von Monte Christo auf der Insel If*

Die bekannteste Insel der Îles du Frioul ist If, die Festung aus dem 16. Jh. fungierte als Verteidigungsposten für die Küste von Marseille. Als sie überflüssig wurde, diente das Château d'If als Gefängnis. Prominentester Häftling war der Graf von Monte Christo aus dem Roman von Alexandre Dumas.

■ www.if.monuments-nationaux.fr, April–Sept. tgl. 10–18, Okt.–März Di–So 10–17 Uhr, 6 €, Kinder frei

Château d'If vor der Küste von Marseille diente als Gefängnis und Romanvorlage

Türkisfarbenes Wasser vor weißen Felsen: Naturparadies Calanque de Port-Pin

2 Calanques

2 *Die Fjordlandschaft mit vielen Buchten ist ein Naturparadies*

Zwischen Marseille und Cassis liegen die Calanques, eine Fjordlandschaft mit vielen Buchten, von denen nur einige mit dem Auto zu erreichen sind. So ist das 5000 ha große Kalksteinmassiv ein Naturparadies geblieben. Große Möwen, »goélands« oder hier »gabian« genannt, Wanderfalken und auch ein Adlerpärchen bevölkern den Himmel, am Boden kriechen u. a. Eidechsennattern, die längsten europäischen Schlangen, und Perleidechsen. Auf den oft sehr schroffen Felsen wachsen Kiefern und Pinien, die Luft ist erfüllt vom Duft würziger Kräuter. Für Schwimmer, Segler und Taucher sind die Buchten mit ihrem türkisfarbenen Wasser ein Paradies.

Sehenswert

Les Goudes

| Fjord |

Das alte Fischerdorf, umrahmt von beeindruckenden Felsen, bildet den südlichsten Stadtteil von Marseille und ist von dort über die Küstenstraße mit dem Auto erreichbar. Der kleine Strand ist im Sommer entsprechend überlaufen. Taucher schätzen das Meer vor dem Ort. Diverse traditionelle Musikkneipen, die »guingettes«, sorgen für klangvollen Trubel.

Callelongue

| Fjord |

Die kleine, sehr hübsche Calanque hat keinen Strand und wartet nur mit einigen Fischerhütten, einem Restaurant und etlichen Booten auf. Über den Zöllnerpfad gelangt man auf dem Wanderweg GR 98-51 in einer Dreiviertelstunde zur Calanque Marseilleveyre, die von einem 432 m hohen Massiv überragt wird und mit einem Kieselstrand zum Baden einlädt.

■ Anfahrt: ab Marseille mit dem Auto über die Küstenstraße (ca. 1 km südl. von Les Goudes) oder mit den Buslinien 19 und 20

Sormiou

| Fjord |

Rund um den kleinen Hafen gruppieren sich diverse flache Wohnhäuser und zwei Restaurants. Hinzu kommt ein Strand mit feinem Sand, von der benachbarten Calanque durch das Cap Morgiou getrennt. Hier entdeckte Taucher Henri Cosquer 1991 eine Unterwasserhöhle mit prähistorischen Zeichnungen (für die Öffentlichkeit nicht zugänglich).

■ Anfahrt: Mitte Juni–Mitte Sept. und an den Frühjahrswochenenden nur für Anwohner und Gäste der Restaurants mit dem Auto anfahrbar, sonst Parken am Ende der asphaltierten Straße und 1 ½ Std. Fußmarsch oder mit der Buslinie 23 (Haltestelle La Cayolle) ab Marseille

ADAC *Mobil*

Die entspannteste Art, die Calanques zu erkunden, ist ein **Bootstrip**. Angebote ab Marseille gibt es z. B. von Bleu Évasion (www.bleuevasion.fr, Ausflüge morgens 65 €, nachmittags 89 €), deren Boote vom Alten Hafen oder von der Pointe-Rouge ablegen. Rundfahrten ab Cassis bieten Bateliers Cassidens (www.calanques-cassis.com, je nach Dauer und Anzahl der angefahrenen Calanques ab 16 €, Kinder ab 9,50 €).

Morgiou

| Fjord |

Wilde Natur und wenig Menschen bietet Morgiou, dazu Mini-Buchten zum Baden, einen kleinen Hafen mit wenigen Häuschen und ein Restaurant – wer die Stille liebt, ist hier richtig.

■ Anfahrt: Mitte Juni–Mitte Sept. und an den Frühjahrswochenenden nur für Anwohner mit dem Auto anfahrbar, sonst Parken am Ende der asphaltierten Straße und 1 ¾ Std. Fußmarsch oder mit der Buslinie 22 ab Marseille bis Endstation

Sugiton

| Fjord |

Bei den Marseillais ist diese Calanque sehr beliebt wegen der vergleichsweise einfachen Erreichbarkeit. Der kleine Kieselstrand gewährt einige schattige Plätze.

■ Anfahrt: mit dem Auto ab Marseille bis zum kostenlosen Parkplatz der Architekturschule im Luminy-Viertel, dann 45 Min. Fußmarsch oder mit der Buslinie 21 ab Marseille bis Endstation

En-Vau

| Fjord |

Die wohl schönste Calanque beeindruckt mit spektakulären Felsen, smaragd- bis türkisfarbenem Wasser und einem kleinen Sand- und Kieselstrand. En-Vau ist stets gut besucht, obwohl sie schwer zu erreichen ist.

■ Anfahrt: mit dem Bus Car Treize Linie 8 ab Marseille oder Cassis bis Haltestelle Carpiagne, dann 1 ¼ Std. Fußmarsch oder von den benachbarten Calanques Port-Pin und Port-Miou (teils steile Strecke)

Port-Pin

| Fjord |

Diese Calanque ist bei Familien aus Cassis sehr beliebt. Sie ist weitläufiger, aber trotzdem schattiger als andere Calanques und wartet mit einem Strand aus Sand und Kieseln auf.

■ Anfahrt: mit dem Auto von Cassis bis zur Halbinsel von Cassis (Parken 5 €) oder mit einem Shuttle-Bus ab Cassis zum Parkplatz Les Gorguettes, dann 45 Min. Fußmarsch

Port-Miou

| Fjord |

Die längste der Calanques – und leicht zugänglich – ist aufgrund der vielen Jachten im Hafen zum Baden nicht geeignet. Auf der Halbinsel verläuft der Lehrpfad Sentier du Petit Prince, benannt nach der bekannten Figur des Autors Antoine de Saint-Exupéry, dessen Flugzeug hier in der Nähe über dem Meer abgeschossen wurde.

■ Anfahrt: mit dem Auto von Cassis bis zur Halbinsel (Parken 5 €) oder mit einem Shuttle-Bus ab Cassis zum Parkplatz Les Gorguettes, dann 15 Min. Fußmarsch

Im Hafen von Cassis schlägt das Herz des einstigen Fischerdorfs

Restaurants

€€ | Le Château de Sormiou Fische und Meeresfrüchte in toller Lage. Bei Reservierung Anfahrt mit dem Auto erlaubt. ■ Calanque von Sormiou, Tel. 04 91 25 08 69, www.chateaudesormiou.free.fr, April–Sept. tgl. geöffnet

Sport

Baden Im Wasserdorado Calanques hat man das perfekte Badeerlebnis, wegen der Felsen sollte man aber an Plastikschuhe denken.

Tauchen und Segeln Über diverse Möglichkeiten informieren die Offices de Tourisme in Marseille (S. 18) und Cassis (S. 32).

Wandern Die Calanques lassen sich auf dem GR 98-51 erwandern. Zur Orientierung empfiehlt sich eine IGN-Karte (topografische Karte, herausgegeben vom Institut Géographique National) für die Region Calanques.

Klettern Es finden sich Touren vieler Schwierigkeitsgrade. Infos gibt Papick Bracco, ein staatlich geprüfter Klettertrainer (www.bonnegrimpe.com).

3 Cassis

Liebenswerte kleine Stadt zwischen Felsen und Fjorden

Information

■ Office du tourisme, quai des Moulins, 13260 Cassis, Tel. 08 92 39 01 03, www.ot-cassis.com

Die Bucht von Cassis zwischen den roten Felsen des Cap Canaille und dem weißen Kalkstein der Calanques inspirierte Maler wie Henri Matisse oder Raoul Dufy. »Wer Paris gesehen hat, aber nicht Cassis, hat gar nichts gesehen«, lässt Literaturnobelpreisträger Frédéric Mistral seinen Fischer Calendal sagen. Im Hafen dieser liebenswerten Kleinstadt liegen heute überwiegend Jachten, nur noch wenige Fischerboote sind hier vertäut. Rund um den Hafen reiht sich ein Restaurant an das andere. Das Château oberhalb des Hafens befindet sich in Privatbesitz und ist nicht zu besichtigen. Durch die engen Gassen der Stadt gelangt man zur dreischiffigen Kirche St-Michel (2, rue Abbé Paul Mouton) im neo-romanischen Stil. Sie wurde aus Kalksteinen der Steinbrüche von Cassis erbaut und 1875 eingeweiht.

P Parken

Im Stadtzentrum gibt es nur zeitlich begrenzte Parkmöglichkeiten. Am besten stellt man das Auto auf dem kostenlosen Parkplatz Les Gorguettes ab, dort nimmt man den Shuttle-Bus zum Zentrum (2 km).

Restaurants

€€ | Le Calendal Authentische Meeresküche nahe am Hafen von Cassis. ■ 3, rue Brémond, Tel. 04 42 01 17 70, Di–So

€€ | Poissonnerie Laurent Am Hafen von Cassis, tagesfrischer Fisch. ■ 5, quai J.-J. Barthélemy, Tel. 04 42 01 71 56, Mai–Okt. Di–So, Feb.–April, Nov. Di–So mittags

Erlebnisse

Clos Sainte Magdeleine Cassis ist eines der ältesten Weingebiete Frankreichs, die Weine tragen die geschützte Herkunftsbezeichnung AOP (Appellation d'Origine Protégée). Eine Besichtigung wert ist das Weingut Clos Sainte Magdeleine mit 12 ha Rebfläche. Angelegt in Terrassen auf den Felsen des Cap Canaille gedeihen die Trauben in einzigartiger Lage über dem Meer, aus denen gehaltvolle Weißweine entstehen. ■ Av. du Revestel, Cassis, www.clossaintemagdeleine.fr, kommentierte Besichtigungen April–Sept. Di–Sa, Verkauf ganzjährig Mo–Sa

Events

Fête de la mer et des pêcheurs Eine Mischung aus kirchlichem Feiertag und Volksfest ist dieses Fischerfest, das am letzten Juni-Wochenende in Cassis abgehalten wird. Eine Messe in provenzalischer Sprache, ein Umzug, bei dem die Petrus-Statue vorneweg getragen wird, ein öffentliches Picknick und viel Wein aus dem Anbaugebiet Cassis gehören dazu. Am Folgetag vergnügen sich Einheimische und Besucher bei einem allgemeinen Sardinenessen auf der Promenade Aristide Briand mit Musik und Folkloretänzen.

In der Umgebung

Route des Crêtes

| Landschaft |

Die aussichtsreiche Kammstraße, die von Cassis aus zunächst auf der D 559, dann auf der D 141 verläuft, verbindet Cassis mit La Ciotat und bietet ein fantastisches Panorama vom Mont de la Saoupe, dem 363 m hohen Cap Canaille, dem 394 m hohen Grande Tête und dem Signalturm Bec-de-l'Aigle (Adlerschnabel). Neben der Autostraße verläuft ein Weg für Spaziergänger und Mountainbiker. Die Rundfahrt mit dem Auto dauert rund eine halbe Stunde.

4 La Ciotat

Ein charmanter Fischerhafen und Drehort für den ersten Film der Welt

Information

■ Office du tourisme, Bd. Anatole-France, 13600 La Ciotat, Tel. 04 42 08 61 32, www.laciotat.info

La Ciotat ist ein Ort mit großer Vergangenheit: Das Kino und der Volkssport Pétanque wurden hier erfunden. Viele Jahre standen hier die Schiffswerften im Mittelpunkt, heute sind Tourismus und Fischerei die Haupteinnahmequellen des malerischen Hafenorts.

Sehenswert

Port Vieux

| Hafen |

Häuser in lebhaften Farben und muntere Restaurants machen den Charme dieses typisch provenzalischen Fischerhafens aus. Die Gassen hinter dem Hafen säumen Häuser, deren prächtige Fassaden und Portale vom einstigen Reichtum der Reeder und Händler zeugen. Hier stößt man auf die Kirche Notre-Dame-du-Port. Die roséfarbene Fassade des Gotteshauses lässt italienischen Einfluss spüren.

Eden Théâtre

| Kino |

In La Ciotat befindet sich das älteste Kino der Welt – hier zeigten die Brüder Lumière 1895 erstmals öffentlich ihren einminütigen Film »Die Ankunft des Zugs im Bahnhof von La Ciotat«.

■ Av. Georges-Clemenceau, www.edentheatre.org, Führung tgl. 16–23 Uhr, 6,50 €, Kinder/Jugendl. (bis 26 J.) 2 €

Strände

| Natur |

Mit 7 km Strand, teils mit feinem Sand, teils mit Kieseln, kann La Ciotat auftrumpfen. Während die Sandstrände besonders für Familien geeignet sind, bietet die Plage de Liouquet mehr Ruhe und kleine Buchten, umrahmt von Pinien und rötlichen Felsen.

ADAC *Wussten Sie schon?*

Der alte **Boules-Champion Jules Lenoir** aus La Ciotat wurde vom Rheuma geplagt und konnte nicht mehr Anlauf nehmen, um seine Kugeln die geforderten 15–21 m weit zu werfen. So blieb er stehen, die kleine Holzkugel, das »Schweinchen«, wurde in etwa 6 m platziert, und er warf »pieds tanqués«, ohne die Füße zu bewegen. Diese Variante wurde bald darauf im Jahr 1910 offiziell anerkannt und ist heute als Pétanque (S. 82) die weitaus gebräuchlichere Variante des Boules-Spiels als das ältere Jeu provençal.

Parc du Mugel

| Park |

An der gleichnamigen Calanque gelegen bietet der 12 ha große Park eine Vielzahl tropischer Pflanzen, Kakteen und Palmen. Von oben eröffnet sich ein toller Blick über die Bucht.

■ Av. du Mugel, www.calanques13.com, April–Sept. 8–20, sonst 9–18 Uhr, Eintritt frei

Calanque de Figuerolles

| Fjord |

Umgeben von spektakulären Felsen und bizarr geformten Steinen liegt dieser Fjord in einem grünen Tal, ideal zum Baden und zum Schnorcheln. Oberhalb der Calanque gibt es ein Restaurant für einen perfekten Ausklang des Badetags.

■ Anfahrt: über die Av. de Figuerolles, vom Parkplatz 5 Min. Fußweg

P Parken

Kostenfrei entlang der Strände, mehrere kostenpflichtige Parkplätze in der Stadt und am Hafen (1,50 €/Std.).

Restaurants

€€€ | **La République indépendante de Figuerolles** Einzigartige Lage umgeben von Felsen, provenzalische Küche. ■ Calanque de Figuerolles, Tel. 04 42 08 41 71, www.figuerolles.com, April–Okt. tgl.

Erlebnisse

Île Verte Einen Ausflug wert ist die einzige baumbestandene Insel dieses Küstenabschnitts mit Badebuchten, einem Restaurant und einer kleinen alten Festung. ■ www.tourisme-laciotat.com, Bootsfahrt 12 € (Kinder 8 €), stündl. Überfahrt, abhängig von der Wetterlage

5 Le Castellet

Alt und modern – traditionelles Dorf und Formel-1-Rennstrecke

i Information

■ Le Castellet tourisme, 2, rue du Portail, 83330 Le Castellet, Tel. 04 94 32 79 13, ville-lecastellet.fr/tourisme.html

Das mittelalterliche Dorf zwischen Meer und Bergen hat sich trotz Touristenrummels seinen Charme bewahrt. Der alte Ortskern mit Stadtmauern, verwinkelten Gassen, dem Château und Häusern aus dem 17. und 18. Jh. verspricht einen interessanten Rundgang. Die Kirche St-Sauveur-de-la-transfiguration aus dem 12. Jh. wurde im provenzalisch-romanischen Stil erbaut. Von außerhalb der Mauern geht der Blick auf das Massif de la Ste-Baume und die Weinberge ringsum.

P Parken

Wegen der vielen Besucher gibt es nur kostenpflichtige Parkplätze (3,70 €/Tag).

Restaurants

€€ | **Le Pied de Nez** Bio-Produkte von kleinen Bauern, regionale Küche, gute Weine. ■ 8, montée St-Éloi, Tel. 04 94 29 72 26, www.lepieddenez.com, Do–Mo

In der Umgebung

Circuit Paul Ricard

| Motorsport-Rennstrecke |

Für Formel-1-Fans ein Muss: Pastis-Produzent Paul Ricard ließ die Rennstrecke 1970 erbauen. Nach langer Pause wurde hier 2018 wieder das Formel-1-Rennen Großer Preis von Frankreich ausgetragen.

■ Auf der N 8 Richtung Aubagne, 2760, route des Hauts-du-Camp, www.circuitpaulricard.com

Kinder

Xtrem Park Inmitten des Circuit Paul Ricard gibt es zahlreiche Attraktionen für Kinder ab 7 Jahren (Kartbahn, Fahrsimulator, Kletterwand etc.). ■ www.xtrempark.eu, Mi, Sa, So und Schulferien 10–18 Uhr, Preise je nach Attraktion

6 Bandol

Ein kleiner Ort mit weitläufigen Stränden – und tollen Rotweinen

Information

■ Office de tourisme, Allée Vivien, 83150 Bandol, Tel. 04 94 29 41 35, www.bandoltourisme.fr

Schriftsteller wie Thomas Mann und Aldous Huxley, Schauspieler wie Fernandel und die Mistinguett genossen den kleinen Ort am Meer, der sich mit den Bergmassiven im Hintergrund vor einer wunderbaren Kulisse präsentiert. Bandol ist bekannt für die besten Weine der Côte d'Azur und seine weitläufigen Sandstrände. Vier windgeschützte Hauptstrände gibt es: La Centrale, Le Casino, Lido im Osten des Orts und Renecros im Westen, hinzu kommen kleine Buchten mit Kieselstränden.

Sehenswert

Jachthafen

| Hafen |

Palmen säumen den Hafen mit seinen mehr als 1500 Liegeplätze für Jachten, daneben ist noch Platz für die »pointus«, die bunten Holzboote der Fischer, mit denen im Sommer die »joutes« ausgetragen werden. Bei diesen gilt es, die Gegner mit langen Stangen von ihrem Boot ins Wasser zu befördern.

Église St-François-de-Sales

| Kirche |

Fresken im neoklassizistischen Stil prägen die im 18. Jh. erbaute Kirche am Hafen. Hier steht eine Statue der Jungfrau Maria aus Olivenholz aus dem Atelier von Pierre Puget, dem berühmten bildenden Künstler aus der Region. Auch eine Figur des hl. Vinzenz von Saragossa, dem Schutzheiligen der Winzer, ist hier zu bewundern.

Île de Bendor

| Insel |

Spirituosenproduzent Paul Ricard errichtete auf dieser von ihm in den 1950er-Jahren erworbenen Mini-Insel ein neo-provenzalisches Dorf mit bunten Häusern, Hotels, Restaurants, Boutiquen und einem kleinen Hafen – und einer Wein- und Spirituosenausstellung mit 8000 Flaschen, dazu Gläser und Karaffen. Die Nachbarinsel Île des Embiez ließ er unangetastet, ein Naturlehrpfad erklärt Fauna und Flora.

■ www.lesilespaulricard.com/acces-bendor, Überfahrt ab Bandol Mo–Fr 9–18, Sa 10–18 Uhr, Hin- und Rückfahrt 15 €, Kinder (3–12 J.) 9 €

Restaurants

€€ | **L'Ardoise** Bistro in Hafennähe, frische, mediterrane Küche. ■ 25, rue du Dr-Louis-Marçon, Tel. 04 94 32 28 58, Di abends, Mi–So, 15. Juli–15. Aug. geschl.

Kinder

Zoa Parc Affen und Alligatoren, Esel und Ponys – Kinder können sich in diesem kleinen Zoo an exotischen und heimischen Tieren erfreuen. Pfauen laufen frei herum, Papageien plappern in ihrem Gehege. Der Park ist bewachsen mit Kakteen und tropischen Pflanzen, zum Teil in Treibhäusern. ■ 3 km nordöstl. von Bandol, Richtung A 50, www.zoaparc.com, April–Sept. und Schulferien 9.30–19, März und Okt. 9.30–18, sonst Mi, Sa, So 9.30–17.30 Uhr, 12 €, Kinder (3–10 J.) 9 €

In der Umgebung

Chapelle Notre-Dame du Beausset-Vieux

| Kapelle |

Außerhalb von Bandol steht diese Kapelle aus dem 12. Jh. im romanischen Stil mit Spitzbögen und einer Apsis mit einem Halbkuppelgewölbe. Die Marienstatue mit Jesuskind stammt aus den Werkstätten des regionalen Künstlers Pierre Puget. Sehenswert ist auch die Galerie der Votivbilder und die provenzalische Krippe mit 400 Jahre alten Figuren.

■ Auf der D 559 Richtung Beausset, dann die Eisenbahnbrücke unterqueren, nur nachm. geöffnet

Musée de Tauroentum

| Gallo-römisches Museum |

Vor 2500 Jahren landete hier ein griechisches Schiff mit einem Stierkopf als Galionsfigur, die dem Ort seinen Na-

Im Blickpunkt

Bandol-Weine: kraftvoll und langlebig

Auf etwa 1400 ha, verteilt auf mehrere Ortschaften der Region, gedeihen die Reben für Bandol-Weine. Es gibt hier zwar auch Weiß- und Rosé-Weine, doch das Renommée dieser Appellation begründet sich auf die Rotweine. Hier herrschen ideale Bedingungen: viel Sonne, ausreichend Niederschläge, nach Süden ausgerichtete Kalkböden bei nur sanft wehendem Meereswind. Hauptrebsorte ist Mourvèdre, die sonst in Frankreich keine große Rolle spielt. Beim Winzer reift der Wein mindestens 18 Monate im Barrique, dem 225-Liter-Eichenfass, und anschließend weitere Jahre in der Flasche. Bandol-Wein kann ohne Weiteres zehn Jahre lagern. Er ist tiefrot und besitzt das Aroma dunkler Früchte.

Verkauf: bei den Winzern und in der Oenothèque des vins de Bandol, place Lucien-Artaud, www.maisondesvins-bandol.com, tgl. 10–13, Mo–Sa auch 15–19 Uhr, im Winter bis 18.30 Uhr

men verlieh. Die Überreste einer römischen Villa aus dem 1. Jh. v. Chr. mit Bodenmosaiken, Sarkophag und einem riesigen Tonbehälter zur Aufbewahrung und Lagerung von Öl oder Wein sind hier zu sehen.

■ 131, rte. de la Madrague, St-Cyr-sur-Mer, www.museedetauroentumsaint cyrsurmer.fr, nur nachm. geöffnet, 5 €, Kinder (unter 10 J.) 2,50 €

7 Sanary-sur-Mer

Einst Exil für verfolgte Literaten, heute Hafen mit bunten Fischerbooten

Information

■ Office du tourisme, 1, quai du Levant, 83110 Sanary-sur-Mer, Tel. 04 94 74 01 04, www.sanary-tourisme.com

Tolle Sandstrände und ein von rosé und weiß gestrichenen Häusern umrahmter kleiner Hafen, der die meisten bunten Fischerboote, die charakteristischen »pointus«, der Côte d'Azur beherbergt, macht den Charme des Küstenorts aus. Die Berge im Hintergrund schützen vor kalten Winden aus dem Norden. Ab 1933 war Sanary-sur-Mer Zufluchtsort für deutsche und österreichische Intellektuelle, die vor den Nationalsozialisten fliehen mussten.

Im Blickpunkt

Deutsche Literatur im Exil

Als deutlich wurde, dass ein Leben unter den Nationalsozialisten nicht mehr sicher war, emigrierten zahlreiche deutsche und österreichische Schriftsteller an die Côte d'Azur. Ihre »Hauptstadt im Exil«, wie der ebenfalls von den Nazis verfolgte Philosoph Ludwig Marcuse es nannte, wurde Sanary-sur-Mer. Mit Kriegsbeginn ordnete Frankreich die Internierung der Exilanten im Lager Les Milles bei Aix-en-Provence oder in einem Sportstadion bei Paris an. Den meisten gelang danach die Flucht in die USA. Eine Gedenktafel direkt am Hafen neben dem Office du Tourisme listet 36 alphabetisch geordnete Namen verfolgter Schriftsteller auf, angefangen von Bert Brecht über Lion Feuchtwanger und Thomas Mann bis zu Stefan Zweig. Auf ihren Spuren wandeln Besucher heute auf dem Parcours de Mémoire, dem Erinnerungspfad. Genauere Infos gibt das Touristenbüro (S. 38).

Sehenswert

Église St-Nazaire

| Kirche |

Das neobyzantinische Gebäude aus dem 19. Jh., das einen Vorgängerbau aus dem 16. Jh. ersetzte, erhielt Anfang des 21. Jh. eine Reihe zeitgenössischer Fresken mit biblischen Szenen, den zwölf Aposteln und der Heiligen Maria-Magdalena, die in kräftigen provenzalischen Farben dargestellt sind.

Chapelle des Pénitents-Blancs

| Kapelle |

Im Innern der Kapelle der Weißen Büßer, die aus dem 16. Jh. stammt und ein romanisches Gewölbe aufweist, befinden sich zwei Büsten: Die eine zeigt den hl. Nazarius, den Schutzpatron der Stadt, die andere Petrus als Schutzheiligen der Fischer.

Tour de Sanary

| Aussichtsturm |

Der 21m hohe Wachtturm aus dem 13. Jh. birgt ein Museum, das Fundstücke aus dem Meer ausstellt. Von oben bietet sich ein wunderbarer Blick über die Stadt mit den Hügeln von Toulon im Hintergrund und dem Meer.

■ Place de la Tour, www.sanary-tourisme.com, Juli, Aug. 10–12.30, 15.30–19 Uhr, sonst auf Anfrage, Eintritt frei

Chapelle Notre-Dame-de-Pitié

| Kapelle |

1560 errichtet, enthält diese auf einem Hügel außerhalb der Stadt gelegene Kapelle etliche Votivbilder und eine mehrfarbige hölzerne Pietà. Bei schlechtem Wetter wurde die Glocke der Kapelle geläutet, um den Fischern die Rückkehr in den Hafen zu weisen.

Restaurants

€€ | **La P'tite Cour** Frische Fischgerichte von der jungen Küchenchefin liebevoll zubereitett. ■ 6, rue Barthelemy de Don, Tel. 04 94 88 08 05, www.laptitecour.com, Do–Mo, Juli, Aug. nur abends

Wandern

Berge rund um Sanary Auf der D 11 geht die Fahrt in östliche Richtung durch ein Obst- und Weinbaugebiet, vorbei an den Schluchten von Ollioules bis zu einem Parkplatz, von dem ein recht anspruchsvoller Wanderweg auf 443m Höhe zum Gros Cerveau führt. Der grandiose Panoramablick entschädigt für die mehrstündige Tour. Über die D 62 und dann die D 662 gelangt man per Auto bis zum Mont Caume mit seinen 801m Höhe und mehreren tollen Aussichtspunkten.

8 Toulon

Die Stadt mit dem einstigen Kriegshafen wurde liebevoll restauriert

Information

■ Office de tourisme, 12 pl. Louis-Blanc, 83000 Toulon, Tel. 04 94 18 53 00, www.toulontourisme.com

Toulon ist bekannt als Hafen der Kriegsmarine und galt dank der natürlichen Lage und zahlreichen Festungen als sicher. Doch im Zweiten Weltkrieg wurden bei Luftangriffen viele historische Bauten zerstört. Zwar ist Toulon immer noch Garnisonsstadt, doch überwiegt heute das zivile Leben mit einer liebevoll restaurierten Altstadt und dem Mourillon-Viertel, wo früher die Fischer lebten.

Sehenswert

La rue des Arts

| Stadtviertel |

Rund um die Rue des Arts hat sich das Viertel, das einst »Petit Chicago« genannt wurde, entscheidend gewandelt. Ein Viertel der Maler und Kunsthandwerker ist entstanden, mit vielen Ateliers, Galerien, aber auch Bars, Restaurants und Boutiquen. Kleine Plätze mit Springbrunnen, die umstehenden Häuser mit gelben, rosa und ockerfarbenen Fassaden – hier macht ein Bummel Spaß.

Fontaine des Trois-Dauphins

| Brunnen |

Der hübsche Brunnen von 1780 auf der Place Puget ist kurios anzusehen, da er, von Bäumen bedeckt und von Moos überwuchert, kaum noch zu erkennen ist. Hier hat man bewusst der Natur ihren freien Lauf gelassen.

Maison de la Photographie

| Kunsthaus |

Das Museum zeigt zeitgenössische Fotografien von Künstlern der Region und aus ganz Frankreich. Mehr als 400 Arbeiten werden in einem früheren Hamam gezeigt, dessen Originalstrukturen noch erhalten sind.

■ Rue Nicolas-Logier – place du Globe, www.maison-photographie.fr, Di–Sa 10–18 Uhr, Eintritt frei

Cathédrale Ste-Marie

| Kirche |

Ein Stil-Mix aus verschiedenen Elementen prägt die Kathedrale mit mächtigem Glockenturm, der von gotischen, romanischen bis zu barocken Details reicht und der langen Errichtungszeit des Gotteshauses vom 11. Jh. bis ins 17. Jh. hinein geschuldet ist.

Hier sind die Einheimischen fast unter sich: am Markt Cours Lafayette in Toulon

César et Panisse

| Skulptur |

Zu Ehren des in Toulouse geborenen und in den 1930er-Jahren auch über die französischen Grenzen hinaus berühmten Schauspielers Raimu steht auf der Place Raimu eine Skulptur, die eine Szene aus dem auf dem Theaterstück von Marcel Pagnol basierenden Film »Marius« darstellt: Die beiden Hauptfiguren César und Panisse sitzen beim Kartenspiel am Tisch. Zwei Stühle neben ihnen sind frei – klar, dass sich viele Touristen für ein Foto draufsetzen.

Musée National de la Marine

| Museum |

Flankiert von den Statuen der Minerva und des Mars betritt man das Museum, das auf zwei Etagen die Geschichte der Kriegsmarine von Toulon zeigt, mit etlichen Gemälden und Modellen früherer Kriegsschiffe.

■ Place Monsenergue, www.musee-marine.fr, Juni–Aug. tgl. 10–18, sonst Mi–Mo, 6 €, Kinder/Jugendl. (bis 26 J.) frei

Mourillon-Viertel

| Stadtviertel |

Im ältesten Viertel von Toulon sind heute zahlreiche Bars und Restaurants zu finden. Täglich außer montags wird auf der Place Émile-Claude ein Markt veranstaltet. Zum Stadtteil gehören der künstlich aufgeschüttete Sandstrand sowie die kleineren Strände in den Buchten von Méjean und Magaud.

Mont Faron

| Landschaft |

Nach Norden wird Toulon durch das Kalkmassiv des 584 m hohen Mont Faron abgeschirmt. Ein anderthalb Stunden dauernder Wanderweg führt in der Höhe zu Aussichtspunkten mit grandiosem Blick über die Küste. Auf dem Mont Faron befindet sich außerdem das Mémorial du Débarquement de Provence, die Gedenkstätte für die Landung der Alliierten in der Provence am 15. August 1944, die mit vielen Infos zum Thema aufwartet.

■ Mémorial du Débarquement de Provence: Juli, Aug. 10–19.15, April–Juni, Sept., Okt. Mi–Mo 10–12.30, 13.15–19.15, sonst bis 17.15 Uhr, 5 €, Kinder (10–17 J.) 2 €

ADAC *Mobil*

Natürlich kann man auch mit dem Auto über enge Serpentinen auf den Mont Faron fahren, aber mit der **Seilbahn** ist es entspannter. *Gare du Téléphérique, Bd. Amiral Vence, www.telepherique-faron.com, Feb.-Nov. 10–19 Uhr, 7,50 €, Kinder (bis 10 J.) 5,50 €*

Verkehrsmittel

Bootsfahrt entlang der Reede Vom »bateau-bus« aus sieht man den Hafen von Toulon, Strände, die Festung, große Fähren und viele Kriegsschiffe von der Seeseite aus. ■ Gare maritime, quai Cronstadt, www.reseaumistral.com, 2 €

Parken

Parkplätze gibt es an der Place d'Armes, der Place de la Liberté und am Centre Mayol (1,80–2,40 €/Std.).

Restaurants

€€ | **Au Sourd** Eine Institution in Toulon mit den wohl besten Fischgerichten der Stadt. ■ 10, rue Molière, Tel. 04 94 92 28 52, www.ausourd.com, Di–Sa

€€ | **Tables & Comptoir** Serge Vaz kocht saisonale und regionale Küche, mittags gut und preiswert, abends raffiniert. ■ Bd. Eugène-Pelletan Le Mourillon, Tel. 04 94 10 83 29, Juli, Aug. Mo–Sa abends, Sept.–Mai Di–Fr mittags und abends, Sa abends, Juni geschl.

Einkaufen

Cours Lafayette Dieser bunte Markt wurde von dem in Toulon geborenen Chansonnier Gilbert Bécaud mit seinem Lied »Les marchés de Provence« besungen. Es werden Gemüse, Obst, und Textilien angeboten. ■ Di–So, 7.30–12.30 Uhr

Bühne

Opéra Im Jahr 1862 wurde die Oper in Toulon an der Place Victor-Hugo eingeweiht – 13 Jahre vor der berühmten Opéra Garnier in Paris. Das pompöse, barockartige Gebäude bietet knapp 1800 Zuschauern Platz. ■ Boulevard de Strasbourg, www.operadetoulon.fr

Kneipen, Bars und Clubs

Le Bar à Thym Sehenswertes Dekor der 1920er-Jahre, mehr als 100 Biere, DJs oder Livekonzerte mit akustischer Gitarre. ■ 32 bd. Cunéo, www.barathym.net, tgl. 18–4 Uhr

Kinder

Fauverie Aufzuchtstation für Großkatzen, neben Tigern und Löwen sind auch Bären, Hyänen und Schimpansen zu sehen. ■ Rte. du Faron, www.zoo-toulon.com, Juli, Aug. 10–19.15, Mai, Juni, Sept. 10–18.30, Feb.–April 10–17.30, sonst 10–17 Uhr, 10 €, Kinder (4–10 J.) 6 €

Übernachten

Marseille bietet eine Vielzahl von Übernachtungsmöglichkeiten, von einfachen Unterkünften hin zu Super-Luxushotels. Trotz teilweise sehr kleiner Zimmer verlangen auch einfachere Hotels stolze Preise. Ferienwohnungen sind eine Alternative – aber auch nicht billig. Entlang der Küste bis nach Toulon gibt es reizvolle Angebote im Zentrum der kleinen Städte oder auch direkt am Meer.

Marseille 18

€ | **Hôtel B & B Joliette** Verkehrsgünstig im Joliette-Viertel gelegen, kleine, modern eingerichtete Zimmer. ■ 52, rue Forbin, 13002 Marseille, Tel. 08 92 70 22 18, www.hotel-bb.com

€–€€ | **Hôtel Hermès** Geniale Lage am Vieux Port, tolle Dachterrasse. ■ 2, rue Bonneterie, 13002 Marseille, Tel. 04 96 11 63 63, www.hotelmarseille.com

€€ | **B+B Casa Ortega** Ferienwohnungen in der Nähe des Bahnhofs, farbenfrohe funktionale Zimmer. ■ 46, rue des petites Maries, 13001 Marseille, www.bb-casa-ortega.hotelmarseille.org

€€ | **Hôtel Edmond Rostand** Kleines Hotel nahe der Präfektur und großer Einkaufsstraßen, Zimmer mit Komfort und Funktionalität. ■ 31, rue du Dragon, 13006 Marseille, Tel. 04 91 37 74 95, www.hoteledmondrostand.com

€€ | **Hôtel Le Ryad** Von außen unauffällig, innen alles im orientalischen Stil. ■ 16, rue Sénac-de-Meilhan, 13001 Marseille, Tel. 04 91 47 74 54, www.leryad.fr

€€ | **MarseilleCity** Pension im liebevoll renovierten Altbau, geschmackvoll eingerichtete Zimmer, nahe der Vieille Charité. ■ 26, bd des Dames, 13002 Marseille, Tel. 08 91 65 77 39

€€€ | **Alex Hotel** Boutique-Hotel, ruhig trotz zentraler Lage, moderne Zimmer mit Balkon, Fitnessbereich. ■ 13, pl. des Marseillaises, 13001 Marseille, Tel. 04 13 24 13 24, www.hotelalex.fr

€€€ | **Best Western Plus La Joliette** Nahe am Vieux Port, kleine, aber nett eingerichtete Zimmer. ■ 49, av. Robert Schuman, 13002 Marseille, Tel. 04 96 11 49 49, www.bestwestern.fr

Cassis 32

€–€€ | **Hôtel Clos des Arômes** Neben der Kirche St-Michel im Zentrum, kleine, komfortable Zimmer. ■ 10, rue Paul-Mouton, 13260 Cassis, Tel. 04 42 01 71 84, www.leclosdesaromes.fr

€–€€ | **Hôtel Cassitel** Ganz nahe am Hafen, provenzalischer Stil, schlichte, komfortable Zimmer. ■ Pl. Georges-Clemenceau, 13260 Cassis, Tel. 04 42 01 83 44, www.hotel-cassis.com

€€–€€€ | **Le Jardin d'Émile** Provenzalisches Haus, farbenfrohe Zimmer mit Terrasse, Strand gleich gegenüber. ■ Plage du Bestouan, 13260 Cassis, Tel. 04 42 01 80 55, www.lejardindemile.fr

La Ciotat 34

€ | **Les Lavandes** Kleines familiäres Hotel in altem Gemäuer mit einfachen, aber komfortablen Zimmern, 500 m zum Strand. ■ 38, bd. de la République, 13600 La Ciotat, Tel. 04 42 08 42 81, www.hotel-les-lavandes.com

€–€€€ | La République indépandante de Figuereolles Umgeben von Felsen oberhalb einer Calanque. ■ Calanque de Figuerolles, 13600 La Ciotat, Tel. 04 42 08 41 71, www.figuerolles.com

Le Castellet 35

€€€ | Domaine Carpe Diem Oberhalb des Orts, hübscher Garten, Pool. ■ 20, ch. des Aires de Ste-Madeleine, 83740 La Cadière d'Azur, Tel. 04 94 46 18 69, www.domainecarpediem.com

Bandol 36

€–€€€ | Golf Hôtel Direkt am Wasser mit privatem Strand, die teureren Zimmer mit Terrasse und Meerblick. ■ Plage de Renecros 10, 83150 Bandol, Tel. 04 94 29 45 83, www.golfhotel.fr

€€–€€€ | Les Galets Am Fuße eines Hügels gelegen, toller Blick aufs Meer, sachliche Zimmer, die meisten mit Balkon oder Terrasse. ■ 49, montée Voisin, 83150 Bandol, Tel. 04 94 29 43 46, www.restaurant-hotel-bandol.com

Sanary-sur-Mer 38

€€ | Le Mas de la Frigoulette Familiäres Hotel nahe dem Strand von Portissol, mit Pool, Garten und Terrasse. ■ 130, av. des Mimosas, 83110 Sanary-sur-Mer, Tel. 04 94 74 13 46, www.lafrigoulette.com

Toulon 39

€–€€ | Val Hôtel Große Zimmer mit Balkon oder Terrasse, Pool, im Grünen 7 km außerhalb von Toulon gelegen. ■ Av. René-Cassin, 83160 La Valette-du-Var, Tel. 04 94 08 38 08, www.valhotel.monalisa.fr

€€–€€€ | Grand Hôtel du Dauphiné Im Herzen der Altstadt, charmantes Hotel mit kunstvoll dekorierten Zimmern. ■ 10, rue Berthelot, 83000 Toulon, Tel. 04 92 92 20 28, www.grandhoteldauphine.com

€€–€€€ | Les Voiles In der Nähe der Strände von Mourillon, mit einer tollen Dachterrasse. Von den meisten Zimmern Blick aufs Meer. ■ 124, rue Gubler, 83000 Toulon, Tel. 04 94 41 36 23, www.hotel-voiles.com

ADAC *Das besondere Hotel*

Hôtel Le Corbusier Inmitten der Cité Radieuse, geschaffen vom visionären Architekten Le Corbusier, befindet sich das einzige Hotel in einem UNESCO-Weltkulturerbe. Einige Zimmer im modernen Design besitzen Balkon, der Blick geht aufs Meer oder den Parc Borély. Von der Dachterrasse hat man einen fantastischen Blick über die gesamte Stadt. Tennisplatz, Garten und Pool für die Kinder sind kostenlos. *€€ | 280, bd. Michelet, 13008 Marseille, Tel. 04 91 16 78 00, www.hotellecorbusier.com*

Küste und Hinterland des Var

Wilde Schluchten, bezaubernde Inseln und lange Strände – das Var bietet für jeden Besucher das Passende

Grüne Wälder mit riesigen Rotbuchen und Linden prägen das Gebiet im Hinterland der Côte d'Azur. Darüber erhebt sich das Massif de la Ste-Baume mit dem fast 1000 m hohen St-Pilon als markantestem Gipfel. Nicht nur bei Wanderern beliebt, ist Ste-Baume ein Anziehungspunkt für Pilger aus aller Welt, befindet sich hier doch die Grotte der Heiligen Maria Magdalena. Ein Schmuckstück der religiösen Welt liegt weiter östlich: die Abbaye du Thoronet, die älteste provenzalische Zisterzienser-Abtei. Etwas nördlich hat der Fluss Verdon einen gewaltigen Canyon geschaffen. Am Rand des Stausees, in den sich der Fluss ergießt, liegt mit Moustiers-Ste-Marie eines der offiziell schönsten Dörfer Frankreichs. Dem Küstenabschnitt zwischen Hyères und Le Lavandou vorgelagert sind die drei zauberhaften autofreien Îles d'Hyères, bis dann das felsige und kaum besiedelte Gebiet des Massif des Maures beginnt. Ganz anders präsentiert sich die daran anschließende Halbinsel von St-Tropez mit ihren nahezu endlosen Stränden und der Ort St-Tropez, seit Jahrzehnten Inbegriff des internationalen Jetsets.

In diesem Kapitel:

ADAC Top Tipps:

3 **Abbaye du Thoronet**
| Kloster |
Die älteste Zisterzienser-Abtei der Provence ist ein architektonisches Juwel inmitten wunderbarer Natur und abseits des Trubels der Küste. 49

4 **Gorges du Verdon**
| Flusslandschaft |
Frankreichs Grand Canyon, eine tiefe Schlucht, gespeist vom türkisfarbenen Wasser des Flusses Verdon, ist ein Dorado für Kletterer und Wassersportler. 51

5 **Porquerolles**
| Insel |
Die größte der drei Hyerischen Inseln wartet mit zauberhaften feinen Sandstränden, Wanderpfaden, Weinbergen, zeitgenössischer Kunst und einem außergewöhnlichen botanischen Garten auf. 55

ADAC Empfehlungen:

6 **Moustiers-Ste-Marie**
| Dorf |
Eines der schönsten Dörfer Frankreichs, am Rande des Stausees Lac de Sainte-Croix gelegen, ist berühmt für seine Fayencen. 50

7 **Villa Noailles, Hyères**
| Kunstzentrum |
Das Haus, gewidmet zeitgenössischer Kunst, ist auch heute noch Treffpunkt der künstlerischen Avantgarde. 52

8 **Monastère de la Verne, Massif des Maures**
| Kloster |
Das gut erhaltene Kartäuserkloster im Massif des Maures liegt umgeben von dichten Wäldern. 58

9 **Domaine du Rayol, Massif des Maures**
| Garten |
Die große naturbelassene Anlage mit Pflanzen aus aller Welt präsentiert sich als gepflegter Wildwuchs. 58

10 **Halbinsel von St-Tropez**
| Strände |
Die Strände der Halbinsel bieten Baden und Surfen für jeden Geschmack, von familiär bis mondän. 59

11 **Hafen von St-Tropez**
| Hafen |
Ein Erlebnis für »Sehleute«: die protzigsten Jachten der High Society liegen hier vor Anker und wollen gesehen werden. 60

12 **Port Grimaud**
| Lagunenstadt |
In einem trocken gelegten Sumpfgebiet wurde ein Luxusort mit großer Marina im traditionellen Stil der Provence künstlich erschaffen. 62

Die Basilika in St-Maximin-la-Ste-Baume ist der hl. Maria Magdalena geweiht

9 St-Maximin-la-Ste-Baume

Gläubige aus aller Welt pilgern zur Grotte der Maria Magdalena

Information

■ Office de tourisme de la Provence Verte, place Jean-Salusse (Couvent Royal), 83470 St-Maximin-la-Ste-Baume, Tel. 04 94 59 84 59, www.la-provence-verte.net/ot_stmaximin

St-Maximin ist ein Städtchen zum Bummeln mit schattigen Plätzen, Springbrunnen und kleinen Kunstgewerbeläden. Das mittelalterliche Viertel war einst befestigt, wovon aber nur noch einige Mauerreste zeugen. Wichtigstes Bauwerk ist die Basilika mit dem sich daran anschließenden Couvent royal. Der Ort bietet sich als Ausgangspunkt für Ausflüge an, die ins Massif de la St-Baume und nach Plan-d'Aups führen.

Sehenswert

Basilika

| Kirche |

Im Jahr 1279 entdeckte man hier die Grabmäler der hl Maria Magdalena und des hl. Maximin. Nachdem der Papst die Echtheit bestätigt hatte, ließ Charles d'Anjou, Graf der Provence, eine gewaltige Basilika mit einem sich daran anschließenden Kloster errichten, die nach langen Unterbrechungen im Jahr 1532 endgültig fertig gestellt wurde. Sie gilt als wichtigstes gotisches Bauwerk der Provence und besitzt weder Glockenturm noch Querschiffe. Das Kirchenschiff ist 29 m hoch, besonders eindrucksvoll ist die große Orgel, eine der schönsten aus

dem 18. Jh. Skulpturen im Innern zeigen verschiedenen Episoden aus dem Leben Maria Magdalenas. Sehr sehenswert ist auch der Altaraufsatz mit der Kreuzigungsszene im Mittelpunkt. Die Sarkophage der beiden Heiligen befinden sich in der Krypta.
■ Place de l'Hôtel-de-Ville, www.lesamisdelabasilique.fr, Mo–Sa 9–12.30, 14–17.30, So 10–12.30, 14–17.30 Uhr, Audioguide beim Office de Tourisme 3 €

Couvent Royal

| Kloster |

Neben der Basilika befindet sich das frühere Dominikaner-Kloster mit seinem gotischen Kreuzgang. Dieses birgt heute ein elegantes Hotel, die Zellen der Mönche wurden in geschmackvolle Zimmer umgewandelt, der Kapitelsaal in ein Restaurant.
■ Place Jean-Salusse, geführte Besichtigungen auf Anfrage im Office de Tourisme (S. 46)

Restaurants

€€–€€€ | Le Chapitre Im Couvent royal, fantasievolle Küche, Genuss für Augen und Gaumen. ■ Place Jean-Salusse, Tel. 04 94 86 55 66, www.accorhotels.com, Nov.–März So abends geschl.

Konzerte

Orgelkonzerte Werden regelmäßig in der Basilika abgehalten. ■ Mai–Okt. 1. So des Monats, Eintritt frei

Erlebnisse

Vélorail de la Ste-Baume Ein Vergnügen für die ganze Familie ist eine Fahrt mit der Draisine (max. fünf Personen) auf einer stillgelegten Eisenbahnstrecke. Die 15 km lange Tour durch Tunnel und über Viadukte dauert hin und zurück etwa zwei Stunden. ■ Rue de la Gare, Pourcieux, www.velorail83.com, ganzjährig, 27 € pro Draisine

Wandern

St-Pilon Ab der Hostellerie de la Ste-Baume geht es über den GR 9, vorbei an der verlassenen Kapelle, »des Parisiens« genannt, bis zum Col du St-Pilon, dann auf dem GR 98 bis zu einer kleinen Kapelle auf dem Gipfel. Der weite Blick reicht Richtung Nordwesten bis zum Berg Ste-Victoire und im Süden bis zum Golf von La Ciotat – leicht zu bestimmen anhand einer im Boden eingelassenen Orientierungstafel. ■ Hin- und Rückweg ca. 2 Std.

ADAC *Mittendrin*

Für religiöse Menschen ein Höhepunkt des Jahres: die **Pilgerwanderung** von St-Maximin oder vom Ort Gémenos zu Pfingsten (Pélérinage de Provence à la Ste-Baume). Am Sonntag führt die Wanderung über 30 km (etwa 7 Std. Fußweg) zur Vesper und anschließenden Pfingstmesse in der Hôtellerie de la Ste-Baume, am Montag nach Messe und Mittagessen geht es weiter zur Grotte Ste-Marie-Madeleine.
www.saintsdeprovence.com

In der Umgebung

Grotte Ste-Marie-Madeleine

| Religiöse Stätte |

Maria Magdalena, eine Sünderin, der sich der auferstandene Jesus am Ostermontag als Erste gezeigt haben soll,

floh vor den Christenverfolgungen in die Camargue. Von dort zog sie als Missionarin bis nach Ste-Baume, wo sie angeblich 33 Jahre mit Gebeten in einer Grotte verbrachte. Die Grotte ist Ziel vieler Pilger, von denen einige sogar barfuß dorthin wandern. Im Innern befinden sich ein Altar und eine Statue der Heiligen.
■ Etwa 3 km östl. von Plan-d'Aups-Ste-Baume. Vom Parkplatz der Hostellerie de la Ste-Baume führt der Wanderweg GR 9 (chemin du Canapé) 45 Min. zur Grotte hinauf, tgl. 8–18 Uhr

10 Cotignac

Eine bergige Region mit der Abtei von Thoronet im Mittelpunkt

Information

■ Office de tourisme, Pont de la Cassole, 83570 Cotignac, Tel. 04 94 04 61 87, www.la-provence-verte.net/ot_cotignac

Das friedliche Örtchen wird von einem Tuffsteinfelsen überragt. Rund um den mit Platanen bestandenen zentralen Platz mit seinem Springbrunnen befinden sich mehrere Häuser mit hübschen Fassaden, teils aus dem 16. Jh. Von hier aus sind die Sehenswürdigkeiten der Gegend gut zu erkunden.

Sehenswert

Habitations troglodytes

| Höhlenwohnungen |

Unterhalb der Ortschaft befindet sich eine 80 m hohe und 400 m lange Felswand aus Tuffstein. Einst lebten hier Menschen in Höhlen, die sie in den Felsen geschlagen hatten – die »Wohnungen« erstreckten sich teilweise über zwei Etagen. Andere Höhlen dienten als Vorratslager.
■ 475, route de Carcès, April–Sept. Do–Di 14–18, So auch 10–12 Uhr, 2 €, Kinder (unter 10 J.) frei

Notre-Dame-de-Grâces

| Kapelle |

Etwa einen Kilometer südlich von Cotignac befindet sich die Kapelle, die ihre Entstehung zwei Marienerscheinungen verdankt. Frauen, die hier beteten, soll ihr Kinderwunsch erfüllt worden sein. So ließ Anna von Österreich, Gattin des französischen Königs Ludwig XIII., als Dank für die Geburt des Thronfolgers, dem späteren Ludwig XIV., hier eine marmorne Votivtafel anbringen. Auch das Kloster St-Joseph, rund 50 Min. Fußweg von der Kapelle entfernt, wurde in Erinnerung an eine Heiligenerscheinung erbaut, nämlich die des hl. Joseph.

Restaurants

€€ | Le Clos des Vignes Frische, lokale Speisen kommen in einer früheren Schäferei, idyllisch inmitten von Weinbergen gelegen, auf den Tisch. ■ Route de Montfort, Tel. 04 94 04 72 19, www.restaurant-le-clos-des-vignes.fr, Do–Sa, So mittags, Jan.–Mitte Feb. geschl.

Kinder

Musée des Fossiles in Tourtour Spannende Ausstellung, die von Fossilien aus der Region, von Schalentieren, die hier vor 130 Millionen Jahren lebten, bis zu Dinosauriereiern reicht. ■ 12, rue des Moulins, Tourtour, www.tourtour.org, tgl. 11–12.30, 14.30–18 Uhr, Oster- und Allerheiligen-Ferien Di–So 14–18 Uhr, Familienticket 1,50 €

In der Umgebung

Tourtour

| Dorf |

Das kleine Dorf mit seinen engen Gassen liegt zwar fast am Ende der Welt, hat jedoch einiges zu bieten: zwei Châteaux, den mittelalterlichen Grimaldi-Turm, die Kirche St-Denis aus dem 11. Jh., eine Ölmühle und ein interessantes Fossilienmuseum.

Cascade de Sillans

| Naturerlebnis |

6 km nördlich von Cotignac fällt das Wasser der Bresque in herrlich grüner Umgebung aus 42 m Höhe in einen kleinen smaragdfarbenen See und fließt dann über viele Mini-Kaskaden ab. Von einem kleinen Parkplatz an der Straße wandert man ca. 20 Min. zum Wasserfall.

Abbaye du Thoronet

| Kloster |

3 *Die älteste Zisterzienser-Abtei der Provence ist ein bauliches Juwel*

In der Nähe des Argens liegt umgeben von Eichen die älteste der Zisterzienser-Abteien der Provence. Sie wurde 1190 fertiggestellt und beherbergte etwa 20 Mönche und eine größere Zahl von Laienbrüdern. Beide Gruppen hatten ihre eigenen Bereiche und untereinander keinen Kontakt. Durch interne Streitigkeiten und die Religionskriege zerfiel das Gebäude zusehends, die Zahl der Mönche und Laien nahm drastisch ab. Im Zuge der Französischen Revolution wurde das Kloster aufgelöst, 1854 vom Staat erworben und vor dem Zerfall gerettet. Von außen und innen sind Kirche und Kloster schlicht und streng. In der Kirche fasziniert die hervorragende Akustik. Der ungewöhnlich große Kreuzgang ist aufgrund des abfallenden Geländes trapezförmig angelegt. Im Vorratskeller stehen noch Geräte zur Wein- und Olivenölherstellung, darunter befindet sich eine 600 Jahre alte Traubenpresse aus Kastanienholz.

Fern der trubeligen Küste liegt die Abbaye du Thoronet, ein sakrales Kleinod

ADAC *Mobil*

In den bewaldeten Bergregionen besteht ein Warnsystem zum Kampf gegen Waldbrände. Die **Zufahrt** zu einzelnen Gebieten kann daher zeitweise untersagt werden. Täglich vom 21. Juni–30. Sept. wird eine Karte mit Brandrisiken erstellt. Einzusehen jeweils ab 19 Uhr auf der offiziellen Internetseite des Départements Var: www.var.gouv.fr.

11 Moustiers-Ste-Marie

6 *Eines der schönsten Dörfer Frankreichs am Rande eines Stausees*

Information

■ Office de tourisme, place de l'Église, 04360 Moustiers-Ste-Marie, Tel. 04 92 74 67 84, www.moustiers.fr

Gerade einmal 700 Einwohner zählt dieses Bergdorf, das offiziell zu den schönsten Dörfern Frankreichs zählt. Es liegt auf einem Hügel mit eindrucksvollen Felsen im Hintergrund. Südlich von Moustiers erstreckt sich der Stausee Lac de Ste-Croix und die Schlucht des Verdon.

Sehenswert

Notre-Dame-de-l'Assomption

| Kirche |

Die Pfarrkirche im romanischen Stil mit ihrem mächtigen Glockenturm stammt aus dem 12. Jh., der Chor wurde im 14. Jh. im gotischen Stil angebaut. Als Altar dient ein marmorner Sarkophag aus gallo-römischer Zeit.

Notre-Dame-de-Beauvoir

| Kapelle |

Die Kirche oberhalb des Ortes wurde ursprünglich im 12. Jh. im romanischen Stil erbaut. Bei Umbauten gewannen gotische Elemente die Oberhand, das Holzportal wiederum stammt aus der Renaissance. Zwischen zwei Bergspitzen spannt sich hier eine 150 m lange Kette mit einem fünfzackigen goldenen Stern über den die Ortschaft durchfließenden Bach.

Musée Historique de la Faïence

| Museum |

Unter Ludwig XIV., der die Verwendung goldener und silberner Teller außerhalb des Königshauses untersagte, erlebte die Fayence-Produktion ihren Höhepunkt, wurde später mangels Erfolg eingestellt und im 20. Jh.

Einen Ausflug wert: Die Verdonschlucht gehört zu den »Grands Sites de France«

wiederbelebt. Heute leben die Bewohner von Moustiers wieder sehr gut von der Töpferei. Das Museum widmet sich der Geschichte des Handwerks.
■ Rue du Seigneur de la Clue, Mi–Mo 10–12.30, 14–17 Uhr, 3 €, Kinder frei

P Parken

Im Sommer ist der Ort stark überlaufen, daher sollte man am besten schon unterhalb des Ortes parken. Zeitweise verkehrt von Moustiers-Ste-Marie ein Shuttlebus zum Lac de Ste-Croix.

Restaurants

€ | **Les Tables du Cloître** Exzellente mediterrane Küche im früheren Kloster. ■ Place du Presbytère, Tel. 06 31 61 72 40, Di, Do, Sa, So 8–16, Fr 8–21.30 Uhr

12 Gorges du Verdon

4 *Frankreichs Grand Canyon, ein Dorado für Wanderer und Kletterer*

i Information

■ Maison des Gorges du Verdon, La Palud, Château, Tel. 04 92 77 32 02, www.lapaludsurverdon.com

Die gewaltige Schlucht, die der Verdon in das Kalkgestein gegraben hat, weist an ihren Flanken mächtige Felswände von bis zu 700 m auf. Teils nur 6 m breit, dehnt sich der Fluss an seinem Zufluss in den Lac de Ste-Croix bis auf 100 m aus. Um die gefährlichen Strömungen zu bändigen, wurden mehrere Staudämme gebaut. Durch Überflutung des Tals, in dem einst das Dorf Les Salles-du-Verdon lag, entstand 1974 der Stausee Ste-Croix, heute ein Paradies für Schwimmer, Kanuten und Segler. Für Wanderer und Kletterer sind die Felsen ein beliebtes Urlaubsziel.

Sehenswert

Castellane

| Dorf |

Der kleine Bergort liegt am Eingang zur Verdon-Schlucht und ist Ausgangspunkt für Fahrten und Wanderungen entlang des Canyon. Über der Stadt thront auf einem Felsen die Kirche Notre Dame du Roc. Der Ort selbst weist schmale Gässchen auf, in denen die Geschäfte sich auf die Verdon-Touristen eingestellt haben. Wie 44 andere Gemeinden und die gesamte Region gehört Castellane zum Parc régional naturel.

Route des Crêtes

| Panoramastraße |

Von Moustiers-Ste-Marie verläuft eine kurvenreiche Bergstraße über den 1032 m hohen Col d'Ayen nördlich der Verdon-Schlucht. Bei La Palud-sur-Verdon biegt die Route des Crêtes ab und führt auf engen Kammstraßen am Verdon entlang, mit mehreren atemberaubenden Ausblicken. Höchster Punkt der Route ist der Collet Barris mit 1459 m. Reizvollste Strecke für Wanderer ist der Weg vom Chalet de la Maline in Richtung Point Sublime mit dem steil ansteigenden Pfad zum Aussichtspunkt Brèche Imbert.

Corniche Sublime

| Panoramastraße |

Vom 200-Einwohner-Örtchen Aiguines mit seinem kleinen Schloss führt die Südroute mit ihrem herrlichen Panorama über Fluss und Berge zum Pont de l'Artuby, ein kühnes Bauwerk, von dem sich Bungeespringer auf der Suche nach dem Adrenalinkick gern aus 180 m in die Tiefe stürzen. Unweit davon erreicht man die Balcons de la Mescla mit toller Aussicht auf den sich tief unten windenden Verdon, der hier mit dem Artuby zusammenfließt.

Lac de Ste-Croix

| Stausee |

Der 2200 ha große See ist ein Paradies für Wassersportler aller Art. Der Ort Les Salles-sur-Verdon am östlichen Ufer wurde neu errichtet, nachdem das ursprüngliche Dorf gleichen Namens in den Fluten des Stausees versank, neben den Bauernhöfen auch eine alte Brücke mit neun Bögen.

Restaurants

€ | **La Plancha** Üppige Fleischgerichte werden den Gästen auf der schönen Terrasse serviert. ■ 8, pl. Garuby, Les-Salles-sur-Verdon, Tel. 04 94 84 78 85, www.restaurantlaplancha.fr, Mi–So

Erlebnisse

Rafting in der Schlucht Abenteuer in der Verdon-Schlucht ■ Aboard Rafting, 8, pl. de l'église, Castellane, Tel. 04 92 83 76 11, www.rafting-verdon.com

Tretboot- oder Kanufahrten Am Lac de Ste-Croix warten Verleiher in den Orten Ste-Croix-du-Verdon und Les Salles-sur-Verdon. Im Sommer herrscht großer Andrang.

Sport

Mountainbikes und e-bikes Zum Verleih der Räder gibt die Maison des Gorges du Verdon (Touristeninformation, S. 51) Auskunft.

13 Hyères

Hier fühlen sich Surfer wohl – und auch Künstler der Avantgarde

Information

■ Office de tourisme, Av. de Belgique – Rotonde du Park-Hotel, 83400 Hyères, Tel. 04 94 01 84 50, www.hyeres-tourisme.com

Einst ein Winterkurort für die High Society hat sich Hyères zu einem familiären Badeort entwickelt. Vor der Halbinsel Giens liegt eines der beliebtesten Reviere für Wind- und Kitesurfer. Der Ort besitzt mehrere Gartenanlagen und mit der Villa Noailles ein Zentrum zeitgenössischer Kunst und Treffpunkt der künstlerischen Avantgarde.

Sehenswert

Altstadt

| Stadtviertel |

Von der mittelalterlichen Befestigung sind nur noch Mauerreste und vier Stadttore erhalten. Durch das Massillon-Tor mit seinem Uhrturm gelangt man auf die gemütliche Place Massillon, auf der im Templer-Turm wechselnde Ausstellungen zu sehen sind. Im Stift St-Paul sind mehr als 400 Votivbilder im naiven Stil zu sehen. Vorbei an schönen Renaissancehäusern gelangt man zur Porte des Princes, Anfang des 20. Jh. erbaut, dann zu den Ruinen des Château St-Pierre.

Villa Noailles

| Kunstzentrum |

7 *Auch heute noch Treffpunkt der künstlerischen Avantgarde*

Die namensgebenden Mäzene empfingen hier die künstlerische Avantgarde der 1930er-Jahre, wie Jean Cocteau, Salvador Dalí, Luis Buñuel oder Pablo Picasso. Neben einer ständigen Ausstellung treffen sich heute hier erneut die angesagten Künstler, z.B. zum internationalen Mode- und Fotofestival und der Design Parade, wo Designer ihre Entwürfe präsentieren.

■ Montée Noailles, www.villanoailles-hyeres.com, Juli–Sept. 14–19, Fr 16–22, sonst Di–So 13–18, Fr 15–20 Uhr, Eintritt frei

Gärten von Hyères

| Park |

Unterhalb der Villa Noailles gedeiht im Parc St-Bernard eine große Zahl mediterraner Pflanzen, die betörende Düfte verströmen. Im Parc du Castel Ste-Claire sind australische und südamerikanische Gewächse zu bewundern. Die Jardins Olbius-Riquier bieten exotische Pflanzen und einen kleinen Tierpark.

Olbia

| Archäologische Stätte |

Vor 2500 Jahren betrieben die Marseiller von der ehemaligen befestigten Stadt Olbia aus ihren Seehandel. Zahlreiche Ausgrabungsstücke aus griechischer und römischer Zeit zeugen von der damaligen Blütezeit. Nach dem Untergang des Weströmischen Reiches wurde die Stadt verlassen.

■ 3204, route de l'Almanarre, www.hyeres.fr, Juni–Aug. 9.30–12, 14.30–18, Sa, So 14.30–18, Sept., Okt., April, Mai Mi–Mo 9.30–12, 14–17.30, Sa, So 14–17.30 Uhr, 5,60 €, Kinder (unter 18 J.) frei

Salinen

| Vogelparadies |

Auf dem Gelände der stillgelegten Salzfelder Salin des Pesquiers zwischen dem Festland und der Halbinsel Giens hat sich ein Refugium für Unmengen von Flamingos, Säbelschnäblern und Reihern entwickelt. Im Rahmen von Vogelbeobachtungstouren lassen sich die Salinen erkunden.

■ Salin des Pesquiers, 1746, route de Giens, www.tpm-agglo.fr/tpm/environnement, Infos zu Führungen im Office de Tourisme (S. 52)

Halbinsel Giens (Presqu'île de Giens)

| Küstenlandschaft |

Über Jahrtausende hinweg entstanden zwei Sandaufschüttungen, so genannte Tomboli, die heute die einstige Insel mit dem Festland verbinden. Ein 18 km langer Fußweg führt um die bewaldete Halbinsel, die vor allem wegen ihrer Natur begeistert. Einen schönen Blick übers Meer hat man vom 1634 erbauten Tour-Fondue im Süden. Hier starten auch die Fähren für Ausflüge auf die Insel Porquerolles.

Künstlertreff und Ausstellungsort: die Villa Noailles in Hyères

Parken

Kostenlose Parkplätze gibt es am Hafen und auf der Place Versin.

Restaurants

€€ | **Le Poisson rouge** Auf der Speisekarte dominiert Fisch, Blick von der Terrasse auf den Hafen. ■ Port du Niel, presqu`île de Giens, Tel. 04 94 58 92 33, www.restaurantlepoissonrouge.com, Juli, Aug. tgl., April–Juni Di–Sa, So mittags, Okt.–April geschl.

Kinder

Jardin zoologique tropical Ein Vogelpark mit vielen Papageien, Tukanen und anderen exotischen Vögeln, dazu auch mehrere Affenarten. ■ 583, route de St-Honoré, La Londe-les-Maures, Juni–Sept. 10–19, März–Mai, Okt., Nov. 14–18 Uhr, 11 €, Kinder (8–13 J.) 7 €

14 Îles d'Hyères

Drei autofreie Inseln zum entspannten Wandern und Baden

Information

■ Office de tourisme d'Hyères, annexe de Porquerolles, Port de Porquerolles, 83400 Hyères, Tel. 04 94 58 33 76, www.porquerolles.com

Vor der Küste zwischen Hyères und Le Lavandou liegen die drei paradiesischen Inseln Porquerolles, Port-Cros und Le Levant – jede mit ihrem individuellen Charakter. Autos sind hier nicht erlaubt, und selbst Radfahren ist nur auf Porquerolles gestattet.

Ruhe, Beschaulichkeit und intakte Natur verspricht die Insel Port-Cros

Sehenswert

Porquerolles

| Insel |

5 *Größte der Îles d'Hyères mit schönen Stränden und Weinbau*

Mit 7 km Länge und 2,5 km Breite ist Porquerolles die größte der Inselgruppe. Neben der Befestigungsanlage Fort Ste-Agathe lohnt sich ein zweieinhalbstündiger Spaziergang rund um die Insel, ein Aufenthalt am Plage de la Courtade oder am Plage Notre-Dame mit ihrem feinen Sand und ein Besuch der Fondation Carmignac mit zeitgenössischer Kunst, unter anderem von Andy Warhol und Roy Lichtenstein. Um bei eventuell entstehenden Waldbränden ein Ausbreiten des Feuers zu verhindern, wurde in die Pinienwälder eine Schneise geschlagen, auf der seit 1985 die Reben der Domaine de la Courtade gedeihen.

Port-Cros

| Insel |

Kleiner als ihre Nachbarin besitzt Port-Cros einen Nationalpark, in dem man nicht campen, nicht Feuer machen oder rauchen darf. Selbst Radfahren oder das Verlassen der vorgeschriebenen Wege sind nicht gestattet. Die fischreichen Gewässer sind ein Dorado für Taucher, das Seegras bietet auch eine Schutzzone für Seepferdchen und Meeresschnecken. Rundgänge führen durch das ruhige und schattige Vallon de la Solitude, zur östlichen Spitze Port-Man oder zum Plage de la Palud im Norden der Insel.

Le Levant

| Insel |

Die kleinste und steinigste der drei Inseln ist zu 90 Prozent militärisches Sperrgebiet. Die übrigen zehn Prozent, darunter das Dorf Héliopolis, sind ein Paradies für Nudisten. Es überwiegen Felsküsten, im Inselinnern wächst eine üppige Vegetation.

Restaurants

€€ | **Auberge des Glycines** Provenzalische Küche in der charmanten Herberge, Meeresfrüchte wie z.B. Seeigel. ■ 22, pl. des Armes, Porquerolles, Tel. 04 94 58 30 36, www.auberge-glycines.com, nur abends (untertags auf Anfrage)

Erlebnisse

Sentier sous-marin 300 m langer Unterwasserpfad mit Infotafeln am Meeresboden bis zur winzigen Insel Rascas. Schnorchelausrüstung gibt es in der Maison du Parc national am Hafen von Port-Cros ■ www.portcrosparcnational.fr, Juli, Aug. 9–12.30, 14–17.30, April–Juni, Sept. 9–12.30, 15–17.30 Uhr

15 Bormes-les-Mimosas

Die kleine Stadt ist geprägt von den namensgebenden Blumen

Information

■ Office de tourisme, 1, pl. Gambetta, 83230 Bormes-les-Mimosas, Tel. 04 94 01 38 38, www.bormeslesmimosas.com

Die grüne und blühende Stadt Bormes-les-Mimosas liegt nicht weit von der Küste entfernt: Sie gefällt durch ihren mittelalterlichen Ortsteil, die zum Stadtgebiet gehörenden ausgedehnten Strände und die Sommerresidenz des Staatspräsidenten.

Sehenswert

Altstadt

| Stadtviertel |

Die höher gelegene Altstadt besitzt noch ihren ursprünglichen provenzalischen Charme. Bevorzugtes Fotomotiv ist die Place Lou-Poulid-Cantoun mit ihren prachtvollen Pflanzen. Die Einheimischen treffen sich auf den kleinen Plätzen mit den überdachten Passagen aus dem 12. und 16. Jh. Ein schönes Panorama bietet sich von der Schlossruine und der Kapelle Notre-Dame-de-Constance.

Sentier du Littoral

| Strände |

22 km lang sind die Strände von Bormes, 19 davon feinste Sandstrände mit Wassersportmöglichkeiten, dazu kleine, mitunter felsige Buchten, die vom Sentier du litterol abgehen. Der Zutritt zu den westlich gelegenen Stränden ist kostenpflichtig.

Fort de Brégançon

| Festungsanlage |

Die Festung besteht bereits seit dem 13. Jh. Im Jahr 1964 erhielt das Fort durch Charles de Gaulle eine neue Bestimmung als Sommerfrische der Präsidenten. Seit 2014 ist der Gebäudekomplex auch für die Öffentlichkeit zugänglich.

■ www.bormeslesmimosas.com, Mitte Juni–Mitte Sept. tgl. Führungen, 10 €, Kinder/Jugendl. (bis 26 J.) frei

Parken

Die Parkplätze in der Altstadt sind meist überfüllt. Vom Parkplatz in der tiefer gelegenen Neustadt ist der Weg in die Altstadt nicht weit.

Restaurants

€€ | **Lou Portaou** Traditionelle französische Küche im mittelalterlichen Gewölbe. ■ 1, ruelle des Sarrazins, Tel. 04 94 64 86 37, www.louportaou.com, Di abends, Mi–So, Mitte Nov.–Mitte Dez. geschl.

ADAC *Mittendrin*

Am letzten Sonntag im Februar, wenn die gelben Pompons der Mimosen richtig prall sind, zieht beim **Corso fleuri** ein imposanter Zug von Festwagen durch die Stadt, geschmückt mit leuchtenden Blumen – vor allem natürlich Mimosen.

16 Le Lavandou

Ein Strandort, in dem sich besonders Familien mit Kindern wohlfühlen

Information

■ Office de tourisme, quai Gabriel-Péri, 83980 Le Lavandou, Tel. 04 94 00 40 50, www.ot-lelavandou.fr

Der familiäre Badeort, der bis in die 1930er-Jahre wichtigster Fischerhafen des Départements war, bietet heute neben den Fischerbooten vor allem Freizeitbooten Platz. 12 km Sandstrand mit kleinen Buchten versprechen wunderbare Strandtage, von der westlichen Plage de l'Anglade über den Naturistenstrand du Layet bis zum östlichsten Strand Pramousquier – mit diversen Wassersportangeboten. Direkt vorgelagert befinden sich die zu den Îles d'Hyères gehörenden Inseln Port-Cros und Île du Levant.

Sehenswert

Brunnen
| Stadtrundgang |
Ein beim Touristenbüro (S. 56) erhältlicher Plan weist den Weg zu den 14 Brunnen, die der Stadt ihren einzigartigen Charakter verleihen. Am bekanntesten ist die Fontaine des Trois-Dauphins mit einem Löwen, die das Wappen der Stadt symbolisieren.

Weg der Maler
| Stadtrundgang |
Ein 12,5 km langer Weg lässt Besucher auf den Spuren der Neo-Impressionisten wandeln, die hier arbeiteten, wie Paul Signac oder Théo van Rysselberghe. Den Weg zieren Kopien der künstlerischen Werke, das frühere Wohnhaus Villa Théo ist heute Ausstellungsraum.

Restaurants

€€ | **Auberge Provençale** In einer kleinen Gasse wird regionale Küche des Midi zelebriert. ■ 11, rue Patron-Rovello, Tel. 04 94 71 00 44, www.lauberge-provencale.com, Di abends, Mi–So, im Jan. geschl.

Einkaufen

Marché de Provence Das ganze Jahr über findet jeden Donnerstagvormittag im Ortszentrum ein Markt statt.

Sport

Lavandou Plongée Das Tauchcenter bietet Tauchmöglichkeiten in allen Schwierigkeitsgraden. ■ Aire de carénage, Nouveau Port, www.lavandou-plongee.com, ganzjährig 8–11.30, 14–17.30 Uhr

17 Massif des Maures

Dunkle Felsen, sanfte Hügel – und Zentrum des Maronenanbaus

Information

■ Office de tourisme, Bd. Charles-Caminat, Collobrières, Tel. 04 94 48 08 00, www.collobrières-tourisme.com

Das Maurenmassif, das »schwarze Gebirge«, erhielt seinen Namen wegen seines dunklen Gesteins und der dichten, dunklen Wälder, die die sanften Hügel bedecken. Der Gebirgszug erstreckt sich von Hyères bis nach Fréjus, besitzt an der Küste bekannte und beliebte Urlaubsorte, ist im Landesinneren aber nur dünn besiedelt.

Sehenswert

Arboretum de Gratteloup
| Park |
Der 1935 angelegte, frei zugängliche Park erstreckt sich über 3 ha. Der ältere Teil enthält ausschließlich Bäume mediterranen Ursprungs, hinzu gekommen sind später auch Eukalyptus, Erlen, Birken und andere. Man erkundet den Park auf angelegten Fußwegen. Diese werden von Informationstafeln gesäumt, die Auskunft über Flora und Fauna geben.

Col de Babaou
| Berg |
Über die D41 erreicht man diesen 414 m hohen Berg, der zwischen den Ortschaften Bormes-les-Mimosas im Süden und Collobrières im Norden aufragt. Von dort aus bietet sich ein toller Blick über die Küste und die Hyerischen Inseln.

Das gewaltige Kloster Monastère de la Verne liegt abgeschieden inmitten der Natur

Collobrières

| Ortsbild |

Die nicht einmal 2000 Einwohner große Gemeinde gilt als Hauptstadt des Maurenmassivs. Hier wird Eichenrinde für die Korkenproduktion geschält, und vor allem werden Maronen von 1000 ha Kastanienbäumen gewonnen. Der recht schattige Ort besitzt diverse hübsche Häuser am Ufer des Flusses Real Coulloubrier, der von einer sehenswerten steinernen Brücke aus dem 12. Jh. überspannt wird.

Notre-Dame-des-Anges

| Kapelle |

In Pignans, zwischen den Orten Collobrières und Cogolin, ist diese Kapelle in 768 m Höhe auf dem zweithöchsten Gipfel des Maurenmassivs Ziel für Wanderer und Pilger. Für diese stehen hier auch Zimmer zur Verfügung. Eine Jungfrauenstatue aus Nussbaum, zahlreiche Votivbilder und Gemälde auf Holz und Leinwand schmücken die einsam gelegene Kapelle.

Monastère de la Verne

| Kloster |

8 *Gut erhaltenes Kartäuserkloster im Massif des Maures*

Auf einem 415 m hohen Felsen, umgeben von Wäldern, liegt dieses ehemalige Kloster, das aufwändig restauriert wurde. Erbaut im 12. Jh., ist durch Brände und Plünderungen aus dieser Zeit kaum noch etwas erhalten. Sehenswert sind das Portal und der »Kreuzgang der Einsamkeit«, das frühere Herz des Klosters.

■ Juni Mi–Mo 11–18, Juli, Aug. tgl. 11–18, sonst Mo–Mi 11–17 Uhr, Jan. geschl., 6 €, Kinder (bis 18 J.) 3 €

Domaine du Rayol

| Garten |

9 *Große naturbelassene Anlage mit Pflanzen aus aller Welt*

Mit Blick aufs Mittelmeer erstreckt sich dieser 20 ha große Garten, der im Auftrag des Conservatoire du Littoral 1989 angelegt wurde. Hier wachsen Pflanzen aus allen Gebieten der Welt, die ähnliche Bedingungen wie die Mittelmeerregion aufweisen, z.B. aus Australien, Südafrika oder den Kanaren – keine sauber gestutzten Büsche und Bäume, sondern bewusster Wildwuchs ohne Pflanzenschutzmittel. Café und Kinderaktivitäten.

■ Av. du Commandant Rigaud, Rayol-Canadel-sur-Mer, www.domainedurayol.org, Juli, Aug. 9.30–19.30, April–Juni, Sept., Okt. bis 18.30, Jan–März, Nov., Dez. bis 17.30 Uhr, 11 €, Kinder (6–17 J.) 8 €

Gefällt Ihnen das?

Wer sich für die Gartenanlage **Domaine du Rayol** begeistert, sollte auch die **Gärten von Hyères** (S. 53) und die **Gärten von Menton** (S. 107) besuchen.

Cafés

€ | **Café des Maures** Herzlicher Service auf der Terrasse unter Platanen, gutes Preis-Leistungs-Verhältnis. ■ 19, bd. Lazare-Carnot, Collobrières, www.hoteldesmaures.fr, Juni–Sept. mittags und abends

Kinder

Schildkrötendorf Auf einem 2 ha großen Gelände tummeln sich mehr als 50 Schildkrötenarten, darunter auch im Maurenmassiv heimische. ■ 1065, route du Luc, Carnoules, www.villagedestortues.com, Juni–Sept. 9–19, sonst 9–18 Uhr, 15 €, Kinder (3–10 J.) 10 €

Events

Maronenfest in Collobrières Die letzten drei Sonntage im Oktober stehen ganz im Zeichen der Kastanie. Bei der Fête de la châtaigne bieten zahlreiche Produzenten ihre kulinarischen Erzeugnisse zur Verkostung an: glasierte Maronen, Maronenbier, Maronenbiskuits … Mit Rahmenprogramm.

Wandern

Col du Canadel Von Canadel-sur-Mer geht es mit dem Auto zum Parkplatz des Col du Canadel, dann zu Fuß auf der ausgeschilderten Waldroute je nach Kondition auf den 372 m hohen Col de Barral und den niedrigeren Col de Caguo-Ven. Unterwegs eröffnen sich dem Wanderer tolle Blicke aufs Meer bis zur Insel Porquerolles.

18 Halbinsel von St-Tropez

(10) *Baden und Surfen für jeden Geschmack, von familiär bis mondän*

Information

■ Office de tourisme, pl. de l'Ormeau, 83350 Ramatuelle, Tel. 04 98 12 64 00, www.ramatuelle-tourisme.com

Die 77 km² große Presqu'île de St-Tropez ist ein ins Meer ragender Ausläufer des Maurenmassivs mit einer abwechslungsreichen Landschaft, kilometerlangen Stränden und kleinen Buchten. Im Norden der Halbinsel bietet die zu St-Tropez gehörende Plage de la Bouillabaisse Windsurfern ein ideales Revier, es folgen Les Graniers mit seinen schattigen Plätzen und die Bucht Cannebiers, wo man die Villen von Paul Signac, Colette und Brigitte Bardot entdecken kann. Im Osten beginnt bei der Tahiti-Plage das Ortsgebiet von Ramatuelle. Die riesige Plage de Pampelonne versammelt das betuchtere Publikum – viele Strandabschnitte sind in privater Hand. An deren südlichem Ende erhebt sich der Leuchtturm von Camarat, mit 130 m einer der höchsten Frankreichs. Über L'Escalet geht es vorbei an Felsen und Macchia zum Cap Taillat, dem 4000 Jahre alten Dolmen von Briande und bis zum südlichsten Zipfel, dem Cap Lardier, umgeben von Weinbergen.

Sehenswert

Ramatuelle

| Dorf |

Einst war Ramatuelle ein verschlafenes Nest, umgeben von Macchia und Weinbergen, dessen Gassen sich um einen Hügel winden. Doch seit geraumer Zeit hat sich der kleine Ort in den Sommermonaten zu einem bei reichen Gästen gefragten Domizil entwickelt, wozu die Nähe zu den mondänen Stränden der Halbinsel von St-Tropez entscheidend beitrugen. Schauspieler Gérard Philipe ist hier begraben, der Fotograf David Hamilton, Johnny Halliday und Romy Schneider besaßen hier Villen.

Gassin

| Dorf |

Der kleine Nachbarort von Ramatuelle hat sich trotz großer Besucherscharen seinen provenzalischen Charme erhalten. Von der alten Stadtmauer Terrasse des Barri bietet sich ein zauberhafter Blick über die Bucht von St-Tropez und in die andere Richtung über die Hyerischen Inseln.

Restaurants

€€ | Au Vieux Gassin Regionale Gerichte, serviert auf der Panoramaterrasse.

■ Pl. dei Barry, Gassin, Tel. 04 94 56 14 26, www.auvieuxgassin-restaurant.com, Nov.–Mitte Feb. geschl.

19 St-Tropez

Der einstige Fischerhafen ist zum Symbol des Jetsets geworden

Information

■ Office de tourisme, quai Jean-Jaurès, 83990 St-Tropez, Tel. 08 92 68 48 28, www.sainttropeztourisme.com

Die Fischerboote von St-Tropez wurden von den Malern Paul Signac und Henri Matisse verewigt. Doch die Zeiten als Fischerhafen sind vorbei, seitdem Schriftsteller und Filmemacher in den 1950er-Jahren hier einfielen – spätestens seit Brigitte Bardot hier mit Roger Vadim »Und ewig lockt das Weib« drehte und Louis de Funès als »Gendarm von St-Tropez« hier barbusige Frauen jagte. Die beste Zeit, die Schönheit des Orts zu genießen, ist außerhalb der Hauptsaison.

Sehenswert

Hafen

| Hafen |

11 *Ein Erlebnis für Sehleute: die Jachten der High Society*

Im Sommer liegen die protzigsten Jachten aus aller Welt am Kai – die Rückseite den Besuchern zugewandt, damit man seinen Reichtum ungeniert zur Schau stellen kann. Täglich bewundern Tausende von Urlaubern aus aller Welt dieses Schauspiel. Abseits vom Hafen treffen sich vor allem Einheimische auf der Place des Lices in den Cafés unter Platanen.

Église Notre-Dame-de-l'Assomption

| Kirche |

Im italienischen Barockstil erbaut, gibt es im Innern des Gotteshauses mehrere Statuen und kunstvolle Holzschnitzereien zu bewundern. Hier steht auch die Büste des hl. Tropez (oder Torpes), des Ortsheiligen, die alljährlich anlässlich der Prozession Bravades Mitte Mai durch die Straßen getragen wird. In der Adventszeit ist in der Kirche eine sehr schöne provenzalische Krippe aus dem 19. Jh. aufgestellt.

L'Annonciade

| Museum |

In dieser früheren Kapelle aus dem 16. Jh. sind Kunstwerke des Pointillismus, Fauvismus und Expressionismus zu sehen: Werke von Signac, Matisse, Utrillo und anderen. Einen Schwerpunkt bilden die Künstler, die in St-Tropez tätig waren.

■ Pl. Grammont, Di–So 10–13, 14–18 Uhr, Nov. geschl., 6 €, Kinder (bis 12 J.) frei

La Citadelle

| Meeresgeschichtliches Museum |

Östlich des Hafens befinden sich in der früheren Zitadelle zahlreiche Ausstellungsstücke aus St-Tropez' Zeit als Fischerhafen und Militärstützpunkt. Von hier eröffnet sich ein großartiger Blick auf Meer und Stadt.

■ 1, montée de la Citadelle, April–Sept. 10–18.30, sonst 10–17.30 Uhr, 3 €, Kinder (bis 12 J.) frei

Chapelle Ste-Anne

| Kapelle |

Der Patronin der Seeleute gewidmet, liegt diese Kapelle von 1620 auf einem vulkanischen Felsvorsprung im Süden der Stadt. Von dort schweift der Blick weit über Golf und Maurenmassiv. Geöffnet ist das kleine Gotteshaus nur am Namenstag der hl. Anne, dem 26. Juli.

Restaurants

€€–€€€ | **Bistro Canaille** Kreative Fusion-Küche mit monatlich wechseln-

Hafen von St-Tropez: Wo einst Fischerboote schaukelten, ankern heute Luxusjachten

der Karte, lockere und entspannte Atmosphäre. ■ 18, rue des Remparts, Tel. 04 94 97 40 96, im Sommer tgl. 19–3 Uhr

Einkaufen

Les Sandales Tropéziennes Rondini Hier gibt es die berühmten originalen Riemchen-Sandalen, handgemacht von der Familie Rondini seit 1927. ■ 16, rue Georges-Clemenceau, www.rondini.fr

Kinder

Schmetterlingshaus In der Maison des Papillons des Insektenkundlers und Malers Dany Lartigue sind 4500 Schmetterlingsarten zu bewundern, darunter riesige und sehr rare Spezies. ■ 17, rue Étienne-Berny, www.facebook.com/papillonssainttropez, Juli, Aug. tgl. 14–17, sonst Mo–Mi, Sa, So 14–17 Uhr, 2 €, Kinder (unter 12 J.) frei

20 Grimaud

Charmanter alter Ort im Hinterland mit dem modernen Port Grimaud am Meer

Information

■ Office de tourisme, 679, route Nationale, 83310 Grimaud, Tel. 04 94 55 43 83, www.grimaud-provence.com

Der im Hinterland auf einem Hügel thronende Ort wird von den imposanten Ruinen seiner Burg aus dem 11. Jh. überragt. Mit seinen charmanten Gassen und Plätzen bildet er einen scharfen Kontrast zu dem in den 1960er-Jahren in der Bucht von St-Tropez angelegten Port Grimaud, einer nach dem Vorbild von Venedig künstlich geschaffenen Lagunenstadt.

Sehenswert

Altstadt

| Stadtteil |

Bei einem Bummel sieht man die alten provenzalischen Häuser, die Kirche St-Michel und die Ruinen der Burg mit Blick auf Berge und Meer. In einer früheren Ölmühle residiert das Musée du Patrimoine, in der die Geschichte der Stadt dargestellt wird.

■ Musée du Patrimoine, 591, route Nationale, Di–So 14–17.30 Uhr, Eintritt frei

Port Grimaud

| Lagunenstadt |

12 *Künstlich angelegter Luxusort mit großer Marina*

Architekt François Spoerry schuf 1966 in einem trocken gelegten Sumpfgebiet diesen Ort, dessen Häuser im traditionellen Stil der Provence je einen Zugang vom Wasser und vom Land haben. Mit dem Auto ist die künstliche Stadt nur für Anwohner erreichbar. Die Fenster der Kirche St-François d'Assise wurden von Victor Vasarely gestaltet. Der junge Ort ist schon jetzt als Kulturerbe des 20. Jh. eingestuft.

Parken

Wer Port Grimaud besuchen möchte, muss auf einem der kostenpflichtigen Parkplätze außerhalb der Lagunenstadt parken.

Restaurants

€€–€€€ | **Fleur du sel** Kreative Küche, zubereitet mit frischen Produkten der Saison, serviert auf der schattigen Terrasse. ■ 4, pl. du Cros, Tel. 04 94 43 21 54, www.fleurdusel-grimaud.com, Di–Fr, Sa abends, So, Nov.–März geschl.

Wandern

La Garde-Freinet Nördlich von Grimaud gelegen, lohnt sich ein Fußmarsch zu den Ruinen des Fort Freinet. Für konditionsstarke Wanderer bieten sich die Roches Blanches auf 638 m Höhe an. Der Panoramablick entschädigt für die Mühe.

21 Ste-Maxime

Feine Sandstrände und eine liebenswerte Altstadt mit familiärem Flair

Information

■ Office de tourisme, 1, promenade Aymeric-Simon-Lorière, 83120 Ste-Maxime, Tel. 08 26 20 83 83, www.sainte-maxime.com

Auf der anderen Seite des Golfs gelegen hat Ste-Maxime mit dem berühmten Nachbarn St-Tropez wenig gemeinsam: Es ist ein familiärer Badeort mit feinen Sandstränden ohne Schicki-Micki. In der Altstadt bummelt man durch schmale Gassen mit Kopfsteinpflaster, stößt auf malerische Plätze mit Brunnen und hübsche Häuser in provenzalischen Farben – dazu das Casino und andere Bauten des Architekten René Darde im Stil des Art déco.

Sehenswert

Musée des Traditions Locales

| **Museum** |

Die Geschichte der Stadt wird im ältesten Gebäude von Ste-Maxime gezeigt, der Tour Carrée, einst Gefängnis und Rathaus, erbaut um 1520. Auf zwei Etagen kann man einen interessanten Blick in die Vergangenheit des kleinen Küstenorts werfen.

■ Pl. Mireille-de-Germond, Mi–So 15–18 Uhr, 3 €, Kinder (unter 16 J.) 2 €

Musée du Phonographie

| **Museum** |

Das Museum zeigt eine Sammlung von etwa 350 erstaunlichen Musikapparaten und -instrumenten aus der Frühphase musikalischer Aufzeichnungen. Unter den Exponaten befinden sich Drehorgeln, Spieluhren und Grammofone.

■ Parc St-Donat, Route du Muy, www.phono.org/maxime.html, Mai–Sept. Mi–So 10–12, 16–18 Uhr, 4 €, Kinder (bis 17 J.) 1,50 €

ADAC *Wussten Sie schon?*

Die **Plage des Éléphants** in Ste-Maxime wurde nach Babar, dem Elefanten, benannt. Die Bilderbücher über die Abenteuer des kleinen Elefanten, erfunden von Kinderbuchautor Jean de Brunhoff, sind in Frankreich sehr beliebt. Im Buch »Babar auf Reisen« spielen einige Szenen an diesem Strand.

Restaurants

€€–€€€ | **L'Amiral** Meeresfrüchte direkt am Hafen. ■ Quai Léon-Condroyer, Tel. 04 94 43 99 36, www.amiral-restaurant.com, tgl. mittags und abends, im Winter Di–So mittags

Cafés

Pâtisserie Charles Pierrugues Große Terrasse nahe am Meer, Kaffee, Tee und hausgemachtes süßes Gebäck zum Knabbern. ■ 6, pl. Victor-Hugo, www.chocolat-prestige.com, tgl. 8–19.30 Uhr

Übernachten

Im Hinterland des Départements Var findet man schlichte Unterkünfte, aber auch manches Kleinod, zu dem man in jedem Urlaub gern wieder zurückkehrt. Es lohnt sich auch, nach Weingütern mit Gästezimmern Ausschau zu halten. In touristisch stark frequentierten Gebieten ist das Preisniveau in der Regel höher, Hotels und Pensionen mit gutem Preis-Leistungs-Verhältnis sollte man daher früh buchen.

St-Maximin-la-Ste-Baume 46

€€ | Maison Rouge Warme Atmosphäre, geräumige Zimmer. ■ D 80 (2 km östl. von St-Maximin), 83640 Plan-d'Aups-Ste-Baume, Tel. 06 72 Z7 47 70 47, www.mamaisonrouge.com

Cotignac 48

€€ | Chambre d'hôte Domaine de Nestuby Hübsche Zimmer auf dem Weingut, Pool, kleiner Fitnessbereich. ■ Route de Montfort (5 km südl. von Cotignac), 83570 Cotignac, Tel. 04 94 04 60 02, www.nestuby-provence.com

Moustiers-Ste-Marie 50

€–€€ | Le Relais Hotel im Ortskern, warme Farben im provenzalischen Stil, direkt an einem Wasserfall, toller Blick über die Berge. ■ Pl. du Couvert, 04360 Moustiers-Ste-Marie, Tel. 04 92 74 66 10, www.provenceweb.fr/04/le-relais

Gorges du Verdon 51

€€ | Le Provence Hotel im Herzen des Canyons, einfache Zimmer mit Balkon oder Terrasse. ■ Route de la Maline, 04120 La Palud sur Verdon, Tel. 04 92 77 38 88, www.hotel-provence-verdon.com

€€–€€€ | Nouvel Hôtel du Commerce Traditionsreiches Hotel, Zimmer mit viel Charme. ■ Pl. Marcel Sauvaire, 04120 Castellane, Tel. 04 92 83 61 00, www.hotel-du-commerce-verdon.com

Hyères 52

€€–€€€ | La Potinière Charmantes Haus mit Privatstrand, geräumige Zimmer, Terrasse und Garten. ■ 29, av. de la Méditerranée, 83400 Hyères, Tel. 04 94 00 51 60, www.lapotiniere83.com

Bormes-les-Mimosas 55

€€–€€€ | Hôtel de la Plage Einfache Zimmer, mit Balkon oder Terrasse, 300 m vom Meer. ■ Bd. de la Plage, 83230 Bormes-les-Mimosas, Tel. 04 94 71 02 74, www.hotelbormes.com

Le Lavandou 56

€€–€€€ | Les Alcyons Direkt am Strand, nett eingerichtete Zimmer. ■ Av. des Trois-Dauphins, 83980 Le Lavandou, Tel. 04 94 05 84 18, www.hotellesalcyons.com

Massif des Maures 57

€€ | Chambre d'hôte L'Amandari Alte Schäferei an einem Bach, kleine hübsche Zimmer, alternativ Übernachtung im Planwagen. ■ Vallat d'Emponse, 83120 Plan-de-la-Tour, Tel. 04 94 43 79 20, www.provence-holidays.com

€€–€€€ | **Au Mas Saint-Pierre** Mitten in den Weinbergen, sehr ruhig, große helle Zimmer mit Terrasse. ■ Chemin de Valcros, 83790 Pignans, Tel. 04 94 27 20 77, www.aumassaintpierre.net

Halbinsel von St-Tropez 59

€€–€€€ | **Chambre d'hôte Leï Souco** Von Weinstöcken und Olivenbäumen umgeben, Zimmer mit Terrakotta-Fliesen, Fayencen und Terrasse. ■ Route des plages, Viertel Le Plan, 83350 Ramatuelle, Tel. 04 94 79 80 22, www.leisouco.com

€€–€€€ | **Hôtel Bello Visto** Familiäres Hotel auf dem Platz an der Stadtmauer. ■ Place det-Barri, 83580 Gassin, Tel. 04 94 56 17 30, www.bellovisto.eu

St-Tropez 60

€€–€€€ | **Chambre d'hôte Les Amandiers** Gästehaus in den bewaldeten Höhen von St-Tropez, komfortable Zimmer. ■ Vieux chemin de Ste-Anne, Viertel Ste-Anne, 83990 St-Tropez, Tel. 04 94 97 79 25, www.lesamandiers.net

€€–€€€ | **Lou Cagnard** Altes ortstypisches Haus nicht weit vom Zentrum, farbenfrohe provenzalische Zimmer. ■ Av. P.-Roussel, 83990 St-Tropez, Tel. 04 94 97 04 24, www.hotel-lou-cagnard.com

€€–€€€ | **Le Colombier Hôtel** Charmantes Hotel im Zentrum. ■ Impasse des Conquettes, 83990 St-Tropez, Tel. 04 94 97 05 31, www.lecolombierhotel.free.fr

Wer authentisch übernachten möchte, ist im Lou Cagnard richtig

ADAC *Das besondere Hotel*

Le Couvent Royal Das Hotel befindet sich in einem alten Dominikanerkloster aus dem 13. Jh., erbaut im gotisch-provenzalischen Stil. Die Zimmergröße variiert von 15 bis 55 m². Von den eleganten Räumen mit Terrakottafliesen und alten Steinmauern in dem beeindruckenden historischen Bauwerk geht der Blick auf den Kreuzgang oder den Garten.

€€€ | Pl. Jean-Salusse, 83470 St-Maximin-la-Ste-Baume, Tel. 04 94 86 55 66, www.hotel-lecouventroyal.fr

Grimaud 62

€–€€€ | **Chambre d'hôte La Toscane** Ruhige Lage, Zimmer im provenzalischen Stil. ■ Route du Plan-de-la-Tour (4 km von Grimaud), 83310 Grimaud, Tel. 04 94 43 24 11, www.la-toscane.com

Ste-Maxime 63

€€–€€€ | **Matisse Hôtel** Farbenfrohes Hotel mit Motiven im Stil des Malers. ■ 11, bd. F.-Mistral, 83120 Ste-Maxime, Tel. 04 94 96 18 33, www.hotel-matisse.com

Zwischen Fréjus und Nizza

Eine wechselvolle Landschaft mit Stränden und Felsen – dazu jede Menge Kultur und Glamour, begleitet von fantastischen Düften

Der Fluss Argens bildet eine natürliche Grenze zwischen dem Maurenmassiv und dem Massif de l'Esterel. Fréjus, an seiner Mündung gelegen, kann auf eine lange Geschichte zurückblicken. Zeugnisse aus römischer Zeit sind noch gegenwärtig. Aber auch Spuren des Mittelalters prägen den Stadtkern. Wild und zerklüftet präsentiert sich das Massif de l'Esterel mit seinen Purpurfelsen, Badebuchten und Wandermöglichkeiten. Einst war das unzugängliche Gebirge eine beliebte Zuflucht für Banditen und entflohene Strafgefangene. Eine ganz andere Welt tut sich weiter östlich der Felsküste auf: Cannes lockt jedes Jahr die internationale Elite des Films zu seinen Festspielen. Die besonderen Duftnoten erhält die Region durch einen Ort im Hinterland: Grasse, die Welthauptstadt des Parfums mit seinen Museen und Gärten. Nicht weit entfernt liegt das mittelalterliche Städtchen Mougins. Man kann noch heute ohne Weiteres nachvollziehen, dass dieser typisch provenzalische Ort viele Künstler angezogen hat. Hier verbrachte Pablo Picasso die letzten zwölf Jahre seines Lebens, hier verstarb er. Ein bedeutender Teil seines Erbes ist im Museum von Antibes zu bewundern. Dessen Nachbarort Juan-les-Pins gilt als Mekka des Jazz, ausgelöst durch die Heirat des Saxofonisten Sidney Bechet in Antibes. Jeden Sommer trat er danach hier auf, mit vielen Musikerkollegen im Gefolge. Ruhiger geht es in dem malerisch gelegenen Ort St-Paul-de-Vence zu. Mit der Fondation Maeght besitzt er eine der bedeutendsten Sammlungen moderner Kunst.

In diesem Kapitel:

ADAC Top Tipps:

6 **Massif de l'Esterel**
| Gebirgslandschaft |
Kleine verschwiegene Buchten liegen wie Perlen vor dem Hintergrund bizarrer roter Felsen aufgereiht. Das bunt leuchtende Mittelgebirge hat auch für Wanderer einzigartige Erlebnisse zu bieten. 70

7 **Fondation Maeght, St-Paul-de-Vence**
| Museum |
Ein Tempel moderner Kunst findet sich in St-Paul-de-Vence perfekt in die mediterrane Landschaft integriert und begeistert mit Gemälden zeitgenössischer Meister sowie Skulpturen und Plastiken in den Gärten. 81

ADAC Empfehlungen:

13 **Groupe Épiscopal, Fréjus**
| Domviertel |
Das Domviertel in Fréjus, dessen Mittelpunkt die Kathedrale bildet, gehört zu den schönsten sakralen Bauten der Region. 68

14 **La Croisette, Cannes**
| Flaniermeile |
Auf 4,5 km Länge erstreckt sich die berühmte Promenade von Cannes zwischen Strand und Stadt, hier finden sich die Handabdrücke der Weltstars verewigt. 71

15 **Bistro Les Canailles, Cannes**
| Restaurant |
Der beliebte Treffpunkt der Einwohner von Cannes mit toller Weinauswahl versteckt sich in einer kleinen Straße unweit der Croisette. 72

16 **Musée International de la Parfumerie, Grasse**
| Parfummuseum |
Die Welt des Parfums präsentiert sich in der Duftmetropole Grasse. 76

17 **Musée Picasso, Antibes**
| Museum |
Hochkarätig ist die Sammlung von Werken des Malergenies. 78

18 **Histoires de Bastide, Tourrettes-sur-Loup**
| Hotel |
Das kleine charmante Haus bietet einen grandiosen Blick aufs Meer. 85

An die Kathedrale von Fréjus schließt sich die Taufkapelle aus dem 5. Jh. an

22 Fréjus und St-Raphaël

Römische Vergangenheit und herrliche Strände in der Schwesterstadt

Information

■ Office de tourisme, 249, rue J.-Jaurès, 83600 Fréjus, Tel. 04 94 51 83 83, www.frejus.fr

Römer, Mittelalter, Kolonialzeit – aus jeder Epoche finden sich in Fréjus Zeugnisse, die es zu erkunden lohnt. Seit 1989 hat die Stadt durch den Retortenort Port-Fréjus auch wieder Zugang zum Meer. Von St-Raphaël, der Schwesterstadt mit ihren langen Stränden, ging Napoleon 1814 in seine Verbannung nach Elba.

Sehenswert

Antikes Fréjus

| Stadtviertel |

Etwa zwei Stunden dauert die Erkundung der römischen Stadt mit der Porte des Gaules, Clos de la Tour, dem Aquädukt und der Porte d'Orée am Hafen. Höhepunkt ist das Amphitheater, einst Schauplatz von Gladiatorenkämpfen, heute von Stierkämpfen.

■ Amphithéâtre, rue Henri-Vadon, April–Sept. Di–So 9.30–12.30, 14–18, sonst Di–Sa 9.30–12, 14–16.30 Uhr, 2 €, Kinder (bis 12 J.) frei

Groupe Épiscopal

| Domviertel |

13 *Mittelpunkt des Domviertels ist die Kathedrale*

Die Kathedrale mit den benachbarten sakralen Bauten bildet den Kern des mittelalterlichen Fréjus. Sie besteht aus zwei früheren Kirchen, besitzt damit zwei Kirchenschiffe und einen romanischen Glockenturm aus dem 16. Jh. Die Taufkapelle datiert aus dem 5. Jh. und ist damit eine der ältesten Frankreichs. Die Decke des früheren Klosters ist bemalt mit einer Vielzahl kleiner Zeichnungen von Heiligen, Tieren und Chimären. Neben dem Kloster, im früheren Haus des Probstes, befindet sich heute der Einlass.

■ Pl. Fomigé

Musée de Préhistoire et d'Archéologie sous-marine

| Archäologisches Museum |

Das Museum zeigt eine reichhaltige Sammlung von Amphoren, Tauchapparaten, Nachbildungen von Schiffen, aber auch prähistorische Zeugnisse wie Dolmen und Menhire. Prominenteste Exponate sind der Hermes von

Fréjus, eine römische Büste, und ein schönes römisches Bodenmosaik.
■ Rue de la Vieille-Église, St-Raphaël, www.musee-saintraphael.com, Juli–Sept. Di–Sa 10–18, sonst 10–12.30, 14–17 Uhr, 2 €, Kinder (unter 12 J.) frei

Restaurants

€€ | **Autres Ray'Son** Frische regionale Küche, Terrasse mit Blick auf den Hafen.
■ Résidence Bleu Marine, Port-Fréjus, Tel. 04 94 17 11 21, www.autresrayson.com, Juli, Aug. tgl., sonst Di–So, Jan. geschl.

Cafés

Le Mugs Treff am Alten Hafen, Tee, Cocktails, hausgemachtes Eis und Salate. ■ 84, rue A. Karr, www.lemugs.com, Mi, So 8–20.30, Do–Sa 8–0.30 Uhr

Kneipen, Bars und Clubs

Kokonut Rhumerie Cocktailbar direkt am Hafen mit Terrasse, gemütliche Atmosphäre, Eis, Tapas. ■ 57, quai Cléopatre, www.rhumeriekokonut.com

Kinder

Parc zoologique Auf einem Hügel bei Fréjus wartet der Zoo mit Elefanten, Löwen, Affen, Flusspferd … ■ Le Capitou (an der Autobahnabfahrt), www.zoo-frejus.com, Juni–Aug. tgl. 10–18, März–Mai, Sept., Okt. 10–17, sonst 10.30–16.30 Uhr, 16 €, Kinder (bis 10 J.) 11,50 €

In der Umgebung

St-Aygulf

| Badeort |

Feine lange Sandstrände erstrecken sich unter Pinien, Eichen und Eukalyptusbäumen. Zu Fuß sind kleine Buchten mit flachem Wasser zu erreichen – ein idealer Aufenthaltsort für Familien.

Chapelle Notre-Dame-de-Jérusalem

| Kapelle |

Ursprünglich von einem Bankier als Künstlertreff gedacht, gestaltete Jean Cocteau das Bauwerk als Kapelle, die sein Adoptivsohn dann erwarb. Auf die Besucher warten sehenswerte Fresken, Mosaiken und kunstvoll gestaltete Kirchenfenster.
■ Quartier La Tour de Mare, Route de Cannes, www.ville-frejus.fr, Di–So 9.30–12.30, 14–17.45, sonst 9.30–12, 14–16.45 Uhr

23 Roquebrune-sur-Argens

Neben seinen Kapellen ist der Ort als Zentrum für Schokolade bekannt

Information

■ Office de tourisme, Gallery ZAC des Garillans – rue de la Magnanerie, 83520 Roquebrune-sur-Argens, Tel. 04 94 19 89 89, www.roquebrune surargens.fr

Spektakulär am Fuße eines Felsens gelegen ist Roquebrune bekannt für seine sieben Kapellen und vor allem für seine Schokolade. In der Altstadt weisen enge Gassen und historische Türen auf die mittelalterliche Vergangenheit von Roquebrune hin. Hier sieht man Reste der alten Stadtmauern, den Uhrturm, die Kirche St-Pierre-St-Paul, die Chapelle St-Pierre und die Maison du Patrimoine, ein Museum mit prähistorischen Zeugnissen.

Sehenswert

Maison du Chocolat et Cacao
| **Museum** |
Die »Balade Gourmande«, ein geführter Rundgang, zeigt die Altstadt, drei Schokoladenmanufakturen und die Maison du Chocolat et Cacao, das Schokoladenmuseum, untergebracht in einer früheren Kapelle. Dieses dokumentiert mit mehr als 1000 Exponaten die Gewinnung von Kakao und die Herstellung von Schokolade.
■ Chapelle St-Jacques, rue de l'Hospice, Juli, Aug. tgl. 10–12.30, 15–18.30, So 10–13 Uhr, sonst Di–Sa 10–12.30, 14.30–17.30 Uhr, Führung 10 €

Restaurants

€€ | **Restaurant du Lac** Preiswerte Küche, große Terrasse am See mit grandiosem Blick auf den Felsen von Roquebrune. ■ Lac Perrin, Tel. 04 94 45 33 74, www.restaurant-du-lac.fr, Mai–Sept. tgl. mittags und abends, sonst tgl. mittags, Mi–Sa abends

Einkaufen

Chocolaterie du Rocher Im kleinen traditionellen Eckladen gibt es Nougat mit Schokolade umhüllt und andere Leckereien. ■ 2, montée St-Michel

Wandern

Felsen von Roquebrune Mit den drei Kreuzen auf dem Gipfel symbolisiert der markante Felsklotz aus rötlichem Sandstein die Kreuzigungsstätte Golgatha. Drei Stunden dauert der markierte Fußmarsch hin und zurück, wobei man einen Höhenunterschied von 300 m zu überwinden hat.

24 Massif de l'Esterel

6 *Küste mit kahlen purpurroten Felsen und kleinen Badebuchten*

Information

■ Office de tourisme et des congrès, 99, quai Albert 1er, 83700 St-Raphaël, Tel. 04 94 19 52 52, www.saint-raphael.com

Das Mittelgebirge Esterel markiert einen erstaunlichen Abschnitt der Côte d'Azur: keine Sandstrände, kein Luxus, dafür ein faszinierender Kontrast zwischen purpurroten Felsen und blauem Meer, in dem grün bewachsene kleinen Felsinseln einen zusätzlichen Farbtupfer liefern. An der Küste reihen sich viele kleine Buchten, die nicht immer leicht zu erreichen sind.

Sehenswert

Buchten des Esterel
| **Buchten** |
Die alte griechische Siedlung Agay bildet den Auftakt der Esterel-Buchten, hier noch mit sandigen Stränden. Théoule besitzt einige kleine Bademöglichkeiten, Dramont mit seinem Leuchtturm – grandioser Blick über Meer und Massif – war einer der Strände, an denen die US-Marine am 15. August 1944 die Offensive startete. Cap Roux bietet von den Bunkerruinen ein tolles Panorama, bei der Pointe de l'Esquillon ist das runde Haus Palais Bulle des Modeschöpfers Pierre Cardin ein spektakulärer Blickfang.

Restaurants

€€ | **Côté Jardin** Nahe am Strand mit schattiger Terrasse, Fischgerichte ganz

Tummelplatz der Stars und Sternchen: die Flaniermeile Croisette in Cannes

frisch vom Kutter. ■ 1, rue du 11-nov.-1943, Agay, Tel. 04 94 40 46 75, www.restaurantcotejardin.fr, Juli, Aug. Mo abends, Di–So, sonst Do–Di

Kinder

Sentier sous-marin Mit Schnorchel geht es unter Wasser, um die Meereswelt an der Pointe de l'Aiguille zu erkunden. ■ Infos im Office de tourisme Théoule-sur-Mer, 2, corniche d'Or, www.theoule-sur-mer.org

Wandern

Mont Vinaigre 1,5 Std. hin und zurück braucht man für den Weg zum 618 m hohen Gipfel. Gaspard de Bresse, der Robin Hood der Provence, fand hier seinen Unterschlupf.

Pic de l'Ours Vom Parkplatz Col Notre-Dame führt ein Wanderweg von 2,5 km Länge zum 492 m hohen Gipfel. Die grandiose Aussicht entschädigt für alle Mühen.

25 Cannes

Munterer Hafen – und natürlich das Filmfestival als Höhepunkt des Jahres

Information

■ Office du tourisme, 1, bd. de la croisette, 06400 Cannes, Tel. 04 92 99 84 22, www.cannes-destination.fr

Die Filmfestspiele und die Luxusmeile La Croisette – das sind die spontanen Assoziationen zu Cannes. Doch auch Hafen, Altstadt und die Museen lohnen den Besuch der kleinen Küstenstadt, die eine gelungene Mischung aus mondäner Welt und ursprünglichem Charme darstellt.

Sehenswert

La Croisette

| Flaniermeile |

14 *Berühmte Promenade von Cannes zwischen Strand und Stadt*

4,5 km auf der Croisette sind ein Erlebnis. An Palmen und Sandstrand entlang, beginnend vom Festival-Palais und dem Chemin des Étoiles mit den Handabdrücken der Weltstars, folgen die Hotels Majestic im Art-déco-Stil, das Noga-Hilton, das berühmte Carlton, das Martinez sowie die Kunsthalle La Malmaison und L'Espace Miramar mit seinen Fotoausstellungen. Am neuen Hafen Port Canto vorbei gelangt man zur Pointe de la Croisette mit schönem Blick über den Golf.

Altstadt

| Stadtviertel |

Im alten Hafen liegen nicht nur Jachten, hier werden nach wie vor auch Fische angelandet. Über die Allée de la Liberté mit ihrem morgendlichen Blumenmarkt geht es zum alten Zentrum Le Suquet mit der Kirche Notre-Dame-d'Espérance im gotisch-provenzalischen Stil. Von dort genießt man das Panorama über Croisette und Meer.

Im Blickpunkt

Auf dem roten Teppich

Seit 1946 finden die Internationalen Filmfestspiele von Cannes statt. Die Vorsitzenden der Jury, die über die Vergabe der Goldenen Palme für den besten Film entscheidet, standen zumeist selbst auf dem Olymp der Cineasten: Marcel Pagnol, Jean Cocteau, Quentin Tarantino oder Sean Penn waren und sind darunter. Auch Deutsche gab es unter den Preisträgern, etwa Volker Schlöndorff für »Die Blechtrommel« und Wim Wenders für »Paris, Texas«.

Musée de la Castre

| Museum |

Das ethnologische und archäologische Museum, bereits 1877 eröffnet, befindet sich im alten Schloss von Cannes, das aus dem 11. Jh. stammt. Zur Ausstellung gehört auch eine umfangreiche Sammlung von Musikinstrumenten aus aller Welt.

■ 1, pl. de la Castre, Juli, Aug. Do–Di 10–19, Mi 10–21 Uhr, sonst Di–So 10–13, 14–17 Uhr, 6 €, Kinder (unter 18 J.) frei

Restaurants

€€ | Le Caveau 30 Im Stil einer Brasserie der 1930er-Jahre, Fisch und Muscheln. ■ 45, rue F.-Faure, Tel. 04 93 39 06 33, www.lecaveau30.com, tgl. mittags und abends

15 **€€–€€€ | Bistro Les Canailles** Treffpunkt der Einheimischen unweit der Croisette. Weinbar mit guter Auswahl an glasweise ausgeschenkten Tropfen und kleinen Gerichten. Im Restaurantbereich gibt es saisonale Küche. ■ 12, rue Jean-Daumas, Tel. 04 93 68 12 10, www.bistrolescanailles.com, Di–Sa mittags und abends

€€–€€€ | Relais des Semailles Charmant mit Kamin und alten Möbeln, typisch provenzalische Gerichte. ■ 9, rue St-Antoine, Tel. 04 93 39 22 32, www.lerelaisdessemailles.com, Mo abends, Di–So mittags und abends

€€€ | Les Bartavelles Traditionelle Küche, auf der Terrasse unter Platanen. ■ 1, pl. du Château, La Napoule, Tel. 04 93 49 95 15, www.restaurantlesbartavelles.com, Do–Mo mittags und abends

Cafés

Emilie and the Cool Kids Junger, gemütlicher Coffee-Shop. ■ 39, rue Hoche, www.emiliescookies.com, tgl. 9–19 Uhr

In der Umgebung

Mandelieu-La Napoule

| Schloss |

Direkt am Meer liegt in dieser kleinen Stadt mit ihren Stränden und dem Jachthafen das Château de la Napoule aus dem 14. Jh., ein Mix diverser Baustile. Das amerikanische Künstlerehepaar Clews hat hier ein Museum installiert, dazu einen Garten mit Springbrunnen.

■ Château de la Napoule, Av. Henry Clews, Mandelieu-La Napoule, www.chateau-lanapoule.com, Feb.–Nov. tgl. 10–18, sonst Sa, So 14–17 Uhr, 6 €, Kinder (ab 7 J.) 4 €

La Forêt du Grand Duc

| Waldwanderung |

Von Mandelieu nördlich auf der D 92 folgt nach 3 km ein Parkplatz, von dem aus mehrere ausgeschilderte Wanderwege durch den »Eulenwald« führen. Auf der Route entlang der Mimosen-Sträucher hat man einen weiten Blick übers Meer, die Stadt Grasse und bei gutem Wetter bis zu den Seealpen.

Vallauris

| Schlossmuseum |

Vier runde Türme besitzt das Schloss, einer der seltenen Renaissancebauten in der Provence, erbaut im 12. und restauriert im 16. Jh. Es beherbergt mehrere Museen: das Gemälde-Museum, eine Schenkung des Malers Alberto Magnelli, das Keramik-Museum – Vallauris gilt als Frankreichs Keramik-Hauptstadt – und das Nationalmuseum »La Guerre et la Paix« mit dem berühmten Gemälde von Picasso, 1956 dem Staat als Geschenk übergeben.

■ Pl. de la Libération, Vallauris, www.vallauris-golfe-juan.fr, Juli, Aug. Mi–Mo 10–12.45, 14.15–18.15, sonst 10–12.15, 14–17 Uhr, 5 €, Kinder (unter 18 J.) 3 €

Einen Logenplatz direkt am Meer nimmt das Château de la Napoule ein

26 Îles de Lérins

Wandern auf autofreien Inseln und ein Besuch bei Mönchen, die Wein keltern

Information

■ Îles de Lérins: Ste-Marguerite: Office du tourisme, 1, bd. de la croisette, 06400 Cannes, Tel. 04 92 99 84 22, www.cannes-destination.fr

■ St-Honorat, www.abbayedelerins.com

Entspannung im Grünen oder Beschaulichkeit in klösterlicher Ruhe verspricht diese aus vier Eilanden bestehende Inselgruppe: Ste-Marguerite, St-Honorat, St-Ferréol und die Île St-de-la-Tradeliere, die für Besucher per Boot ab Cannes oder Juan-les-Pins zu erreichen sind.

Sehenswert

Ste-Marguerite

| Fort und Forst |

Die auto- und fahrradfreie, stark bewaldete Insel von nur 3 km Länge und 900 m Breite ist in zwei Stunden umrundet. Der Weg führt durch Eukalyptus- und Pinienwälder und zu kleinen Badebuchten. Das Fort Royal, auf Veranlassung Richelieus erbaut, wurde 1712 von Vauban zur Festung ausgebaut. Hier schmachteten Gefangene wie der berühmte Mann mit der Eisernen Maske, heute befindet sich hier neben dem einstigen Gefängnis auch ein Meeresmuseum.

■ Musée de la Mer, www.cannes.com, Juni–Sept. Di–So 10–17.45, sonst 10.30–13.15, 14.15–16.45 Uhr, 6 €, Kinder frei

Im Blickpunkt

Der Mann mit der Eisernen Maske

1703 verstarb der geheimnisvolle Mann mit der Eisernen Maske (die in Wirklichkeit aus schwarzem Samt bestand) in der Pariser Bastille – nach 16 Jahren Kerker auf der Insel Ste-Marguerite. Viele Autoren, darunter Alexandre Dumas und Marcel Pagnol, spekulierten darüber, wer für den französischen Staat so gefährlich war, dass man ihn wegsperren musste und seine Identität nicht preisgeben durfte. Die am häufigsten geäußerte These lautet, es habe sich um den Zwillingsbruder von König Ludwig XIV. gehandelt. Vieles spricht dagegen, wahrscheinlicher ist, dass der Gefangene Kenntnisse von geheimen Verhandlungen zwischen Frankreich und England erlangt hatte.

ADAC *Wussten Sie schon?*

Seit dem Mittelalter keltern die Mönche von St-Honorat **Wein**. Heute entstehen auf mehr als 8 ha der Weißwein St-Césaire aus der Rebsorte Chardonnay und der Syrah-Rotwein St-Honorat. Großes Renommee genießt auch der Kräuterlikör Lérina, den die frommen Brüder ebenfalls produzieren.

St-Honorat

| Kloster |

Halb so groß wie die Nachbarinsel Ste-Marguerite lässt sich St-Honorat entsprechend schnell zu Fuß umrunden. Im Kloster der Insel direkt am Meer leben heute noch etwa 25 Mönche. Der alte Wehrturm wurde bereits 1073 errichtet, der neuere Teil datiert aus dem 19. Jh. Zum Kloster gehören sieben Kapellen, am sehenswürdigsten sind La Trinité und St-Sauveur.

■ www.abbayedelerins.com, 8.30–18 Uhr

Verkehrsmittel

Tgl. fährt ein Boot im Pendelverkehr von Cannes zu den Inseln: nach Ste-Marguerite 15 €, Kinder (5–10 J.) 9,50 €, nach St-Honorat 14,50 €, Kinder (8–13 J.) 8,50 €

Restaurants

€€–€€€ | **L'Escale** Gegrillte Fische auf der Terrasse mit Blick auf die Bucht von Cannes. ■ Île Ste-Marguerite, Tel. 04 93 43 94 30, Juli, Aug. tgl. mittags und abends, sonst nur mittags

27 Mougins

Ein Ort im Grünen, geprägt von der Kunst mit Galerien und Ateliers

Information

■ Office de tourisme, 39, pl. des Patriotes, 06250 Mougins, Tel. 04 92 92 14 00, www.mougins-tourisme.com

Malerisch auf einem Hügel inmitten von Grün gelegen, lockte der provenzalisch-mittelalterliche Ort stets viele Künstler an – der bekannteste war Picasso, der hier bis zu seinem Tod 1973 lebte. Nicht erstaunlich, dass heute zahlreiche Galerien und Ateliers das Stadtbild prägen.

Sehenswert

Musée de la Photographie

| Fotomuseum |

Errichtet von einem Freund Picassos, zeigt das Museum u. a. Fotos des Künstlers und veranstaltet Ausstellungen, die der jungen Fotografie gewidmet sind. Dazu gesellt sich eine sehenwerte Sammlung alter Fotoapparate.

■ Porte Sarrazine, www.mougins.fr, Juni–Aug. 10–12.30, 14–19, sonst 10.30–12.30, 14–18 Uhr, Eintritt frei

In der Umgebung

Ermitage Notre-Dame-de-Vie

| Kapelle |

Die Ermitage, wunderschön inmitten großer Zypressen gelegen, weist ein altes steinernes Kreuz aus dem 15. Jh. auf. Das Gotteshaus grenzt an Picassos früheres Anwesen. In der Kapelle wurden einst totgeborene Kinder getauft, zahlreiche Votivbilder zeugen davon.

■ Von Mougins auf der D 35, chemin de la Chapelle, www.mougins.fr, Juli, Aug. 10–12.30, 14–19, Mai, Juni, Sept. Sa, So 10–12.30, 14–19, sonst So 10–16 Uhr, 5 €

Espace de l'Art Concret

| Zeitgenössische Kunst |

Untergebracht im Schloss von Mouans, werden hier wechselnde Ausstellungen zeitgenössischer Kunst gezeigt. Nicht weit davon befindet sich die Donation Albers-Honegger mit abstrakter und geometrischer Kunst, eine außergewöhnliche Ausstellung dieses Genres in 15 Sälen.

■ Château de Mouans, Mouans-Sartoux, www.espacedelartconcret.fr, Juli, Aug. 11–19, sonst Mi–So 13–18 Uhr, 7 € (Espace und Donation), Kinder frei

Massif du Tanneron

| Landschaft |

Besonders von Januar bis März zur Zeit der Mimosenblüte verwandelt sich das Tanneron-Massiv in eine farbenprächtige Landschaft. Über eine steile Straße erreicht man vom Ort Tanneron den vor allem bei Anglern beliebten Stausee Lac de St-Cassien.

28 Grasse

Der Name ist Programm: bekannt als internationales Zentrum des Parfums

Information

■ Office de tourisme, pl. de la Buanderie, 06130 Grasse, Tel. 04 93 36 66 66, www.grassetourisme.fr

Im Hinterland von Cannes liegt die Welthauptstadt des Parfums. Einst wuchsen hier die Blumen, aus deren Duft die Träume entstanden. Heute werden sie aus preiswerteren Anbaugebieten aus aller Welt angeliefert. Doch kreiert werden die Parfums nach wie vor in Grasse. In der Umgebung liegen reizvolle kleine Dörfer.

Sehenswert

Musée International de la Parfumerie – MIP

| Parfummuseum |

16 *Die Welt des Parfums in der Duftmetropole Grasse*

Hier können sich die Besucher über die Geschichte der Parfumherstellung informieren, es gibt eine große Sammlung von Flacons, Geräten, Pflanzen und erstaunlichen Exponaten wie das Reisenecessaire von Marie-Antoinette. Zum Museum gehören auch die Gärten in Mouans-Sartoux, 12 km südlich.

■ 2, bd. du Jeux-de-Ballons, www.museesdegrasse.com, Mai–Sept. 10–19, sonst 10–17.30 Uhr, 4 €, Kinder frei

Entlang schmaler Gassen klettern die Altstadthäuser in Grasse den Hügel empor

Parfumeries

| Parfumherstellung |

Drei große Parfumfabriken sind in Grasse aktiv, alle sind kostenlos zu besichtigen, und in allen dreien können Besucher ihr eigenes Parfum kreieren (Preis je nach Anzahl der verwendeten Duftessenzen 30–190 €).

■ Fragonard: 20, bd. Fragonard, www.fragonard.com, Juli, Aug. 9–19, sonst 9–18 Uhr

■ Molinard: 60, bd. Victor-Hugo, www.molinard.com, Juli, Aug. 9–19, sonst 9–18.30 Uhr

■ Galimard: 73, route de Cannes, www.galimard.com, Juli, Aug. 9–18.30, April–Juni, Sept. 9–18, sonst 9–12, 14–18 Uhr

Musée d'Art et d'Histoire de Provence

| Geschichtliches Museum |

Der Schwager des Grafen Mirabeau – Politiker und Schriftsteller und an der Französischen Revolution beteiligt – wohnte in diesem alten Stadthaus. Das Museum, das heute darin untergebracht ist, zeigt den provenzalischen Alltag mit Möbeln und Gerätschaften sowie Keramik früherer Zeiten.

■ 2, rue Mirabeau, www.museesdegrasse.com, Mai–Sept. 10–19, sonst 10.30–17.30 Uhr, 2 €, Kinder frei

Musée Fragonard

| Gemäldemuseum |

Von dem aus Grasse stammenden Maler Jean-Honoré Fragonard (1732-1806) sowie zwei weiteren Künstlern stammen die hier ausgestellten Gemälde der Collection Costa, der Familie, die ihre berühmte Parfumfirma nach diesem Maler benannte.

■ 14, rue Jean-Ossola, www.fragonard.com, Juli, Aug. 10–19, sonst Mo–Sa 10–18 Uhr, Eintritt frei

Cathédrale Notre-Dame-du-Puy

| Kathedrale |

Architektonisch eine Mischung aus norditalienischem Mittelalter und spätem Barock thront die Kathedrale auf einer Hügelkuppe inmitten der Altstadt von Grasse. Besonders sehenswert ist die dreischiffige Basilika wegen dreier Werke von Rubens.

Parken

In der Altstadt gibt es kostenpflichtige Parkplätze (1,70 €/Std.).

Restaurants

€€ | Le Petit Prince Provenzalische Küche im rustikalen Saal oder auf der großen schattigen Terrasse. ■ 15, rue Frédéric-Mistral, Cabris (von Grasse auf der D 4), Tel. 04 93 60 63 14, Juli, Aug. tgl. mittags und abends, sonst Fr–Di mittags und abends, Mi mittags

Kinder

Souterroscope de la Baume Obscure Auf eigene Faust, nur mit einer Taschenlampe ausgestattet, führt der Weg in 56 m Tiefe durch verschiedene Säle mit kleinen Seen und Stalaktiten. Feste Schuhe erforderlich. Zusätzliches Angebot: Schatzsuche für Kinder. ■ 2600 chemin de Ste-Anne, St-Vallier-de-Thiey (nordwestl. von Grasse), www.baumeobscure.com, Juni–Aug. Di–So 10–18, sonst 10–16 Uhr, Dez., Jan. geschl., 15 €, Kinder (bis 15 J.) 6 €

Erlebnisse

Grottes de St-Cézaire Eisenoxid hat dieser Grotte das rötliche Gestein verliehen. 40 m geht es in die Tiefe, mit erstaunlichen Kalkformationen, die sich über die Jahrtausende hier gebildet haben. ■ 1481, route des Grottes (ca. 15 km westl. v. Grasse), www.grotte-saintcezaire.com, geführte Touren Juni–Aug. 10.30–17.40, sonst 10–12, 14–16.40 Uhr, Winter geschl., 8 €, Kinder (bis 12 J.) 5,50 €

In der Umgebung

Cabris

| Dorf |

Rund 7 km westlich von Grasse liegt der charmante kleine Ort, in dem die Mutter von Antoine de Saint-Exupéry lebte, der hier an seinen Werken schrieb. Von Cabris aus geht der Blick aufs Meer und den See von St-Cassien, einige Ruinen des alten Schlosses sind noch erhalten, dazu mehrere Kapellen, von denen die älteste bereits aus dem 5. Jh. stammt.

Plateau de Caussols

| Landschaft |

Die nördlich von Grasse gelegene Karst-Ebene ist eine einzigartige Landschaft mit einer Fülle kleiner Höhlen und Trichter, wild anmutenden Steinhaufen ohne Vegetation und runden Trockensteinhütten, die die Existenz von Menschen schon vor langer Zeit deutlich machen.

Observatoire de la Côte d'Azur

| Observatorium |

Auf dem Plateau de Calern in 1200 m Höhe befindet sich außer zahlreichen Schafherden das Observatorium, von dem aus Sterne und Erdbewegungen beobachtet werden. Die Zufahrtsstraße ist nachts gesperrt.

■ Station de Calerne, www.oca.eu, Mai–Sept. Führungen So 15.15 Uhr, 6 €, Kinder (bis 18 J.) 3 €

Gourdon

| **Dorf** |

Auf einem Felsen 500 m oberhalb der Schluchten des Flusses Loup liegt dieses hübsche Dorf mit seinen mittelalterlichen Gassen und alten Häusern, in denen viele Kunsthandwerker ihre Ateliers haben. Zwei alte Kapellen, die Kirche St-Vincent aus dem 12. Jh. und das nicht zu besichtigende Schloss runden das Bild ab. Der Wanderweg Chemin du Paradis führt auf einem alten Maultierpfad durch Fels- und Waldlandschaften in ca. 1 ¼ Stunden bis zum Ort Bar-St-Loup.

29 Antibes und Juan-les-Pins

Besucherscharen kommen zum Picasso-Museum und zum Jazzfestival

Information

■ Office de tourisme, 42, av. Robert-Soleau, 06600 Antibes, Tel. 04 22 10 60 10, www.antibesjuanlespins.com

Antibes hat eine mehr als 2000-jährige Geschichte, gehörte bis zum 14. Jh. den Grimaldis und wurde von König Heinrich IV. für Frankreich gekauft. Die Stadt ist reich an Museen, besitzt einen der bedeutendsten Jachthäfen Frankreichs und hat seit 1882 mit dem Stadtteil Juan-les-Pins ein Seebad, das nicht nur während des Jazzfestivals im Juli ein Hotspot für feierfreudige Besucher ist.

Sehenswert

Port Vauban

| **Hafen** |

Zwischen den Jachten der Superreichen werden hier auch fangfrische Fische angelandet. Die Bastion St-Jaume und die Stadtmauern stammen vom berühmten französischen Festungsbaumeister Vauban. Hier sitzt auch der »Nomade«, eine riesige Skulptur aus stählernen Buchstaben, gestaltet vom katalanischen Künstler Jaume Plensa.

Musée Picasso

| **Museum** |

17 *Sehenswerte Sammlung von Werken des Malergenies*

Nachdem Picasso 1946 das Angebot erhalten hatte, einen Teil des Château Grimaldi als Atelier nutzen zu können, vermachte er dem Museum 23 Gemälde und 44 Zeichnungen, seine Witwe Jacqueline sowie mehrere Mäzene ergänzten die Sammlung später durch weitere seiner Werke.

■ Château Grimaldi, www.antibes-juanlespins.com, Mitte Juni–Mitte Sept. Di–So 10–18, sonst 10–13, 14–18 Uhr, 6 €, Kinder frei

ADAC *Spartipp*

Das **Kombi-Ticket** für das archäologische Museum, Picasso-Museum, Museum Peynet und Fort Carré kostet nur 10 €. Beim Besuch aller vier Sehenswürdigkeiten spart man 5 €.

Musée d'Archéologie

| **Archäologisches Museum** |

Von den vier Befestigungsanlagen Vaubans ist eine stehen geblieben. Hierin befindet sich das archäologische Museum, das Funde von Land und Meer ausstellt, darunter eine kleine marmorne Statue des Dionysos vom Anfang unserer Zeitrechnung.

■ Bastion Saint-André, Mitte Juni–Mitte Sept. Di–So 10–12.30, 14–18, sonst 10–12, 14–17 Uhr, 3 €, Kinder frei

Fort Carré

| Festungsanlage |

Im Jahr 1550 erbaut, wurde das Fort im 17. Jh. von Vauban perfektioniert und präsentiert sich nun als sternförmige Festung mit vier pfeilförmigen Bastionen am Stadtrand von Antibes. Rund herum befindet sich ein Garten mit mediterranen Pflanzen.

■ Av. du 11-Novembre, Juni–Okt. Di–So 10–13, 14–18, Feb.–Mai 10–12.30, 13.30–17, sonst 10–12.30, 13.30–16.30 Uhr, 3 €, Kinder 1,50 €

Gefällt Ihnen das?

Wer sich für Festungen wie das **Fort Carré** in Antibes interessiert, sollte auch das **Fort Royal** auf den Îles de Lérins (S. 74) oder **Château d'If** auf der Insel If vor Marseille (S. 29) besuchen.

Cap d'Antibes

| Küstenlandschaft |

Wanderwege führen über die Halbinsel, vorbei an prächtigen Villen und Grünanlagen zum Sanctuaire de la Garoupe, zwei Kapellen mit einer umfangreichen Sammlung von Votivbildern, daneben eine heidnische Kultstätte aus dem 5. Jh. Unweit davon liegt der Jardin Thuret, eine Gartenanlage mit exotischen Pflanzen.

P Parken

Umsonst kann man beim Fort Carré parken und mit dem Shuttlebus ins Zentrum gelangen.

Restaurants

€€ | Le Zinc Neben der Markthalle, Lamm und Schweinsfüße vom Feinsten, gute Weinauswahl. ■ 15, cours Masséna, Tel. 04 83 14 69 20, Di abends, Mi–So mittags und abends

€€ | L'Horizon Fisch frisch aus dem Meer, fein angerichtet. ■ 37bis, bd. Charles-Guillaumont, Juan-les-Pins, Tel. 04 93 67 23 11, Fr–Di mittags und abends

Events

Jazz à Juan In Juan-les-Pins findet eines der besten Sommerjazzfestivals statt. ■ www.jazzajuan.com, Mitte Juli

30 Biot

Ein Ort der Kunsthandwerker, bekannt für Glasbläserei und Keramik

i Information

■ Office de tourisme, 46, rue St-Sébastien, 06410 Biot, Tel. 04 93 65 78 00, www.biot-tourisme.com

Ausgestattet mit dem Label »Ville et Métiers d'Art«, gibt es in Biot viele Kunstwerkstätten, darunter Keramikstudios und Glasbläserein. Die auf einem Hügel liegende Altstadt mit der Place des Arcades als hübschem Mittelpunkt ist bekannt für den Reichtum an Rosen, Nelken und Anemonen, die als Schnittblumen versandt werden.

Sehenswert

Musée National Fernand-Léger

| Museum |

1960 vom bekannten Architekten Andreï Svetchine errichtet, umfasst das Museum mehr als 450 Werke des Malers, Bildhauers und Filmregisseurs aus mehreren Epochen seines Schaffens und dokumentiert seinen Einfluss

auf die PopArt. Die großen Mosaiken der Außenwand sind nach Originalen von Léger angefertigt worden.
■ Chemin du Val-de-Pôme, www.musee-fernandleger.fr, Mai–Okt. Mi–Mo 10–18, sonst 10–17 Uhr, 7,50 €, Kinder/Jugendl. (bis 26 J.) frei

Église Ste-Marie-Madeleine de Biot

| Kirche |

Die hübsche kleine Dorfkirche präsentiert sich stolz mit einem hervorragenden Rosenkranz-Altaraufsatz in roter und goldener Farbe, gestaltet von dem bekannten Maler und Vertreter der »primitifs niçois« Louis Brea.

Restaurants

€€–€€€ | **Chez Odile** Eine Institution, geführt von der herzlichen Wirtin Odile. ■ Chemin des Bachettes, Tel. 04 93 65 15 63, Juli, Aug. tgl., sonst Fr–Di

Das malerische St-Paul-de-Vence zog zu allen Zeiten die Künstler an

31 Vence

Eine schnuckelige Altstadt vor großartiger Bergkulisse

Information

■ Office de tourisme, 8, pl. du Grand-Jardin, 06140 Vence, Tel. 04 93 58 06 38, www.vence-tourisme.fr

Die Stadt im Hinterland mit Blick aufs Meer, auf einem Felsen am Fuß der Berge gelegen, wird im Sommer von Touristen überlaufen. In den kleinen Gassen mit ihren historischen Häusern sind viele Galerien und Kunsthandwerker ansässig.

Sehenswert

Altstadt

| Stadtteil |

Der sehenswerte alte Stadtkern ist vollständig von einer Mauer umgeben. Beim Bummel stößt man auf das Château de Villeneuve mit dem Museum der Fondation Émile-Hugues, die sympathische Place du Peyra, das alte römische Forum, mit hübschem Springbrunnen und einem viereckigen Turm. Die Kathedrale Notre-Dame-de-la-Nativité wurde auf den Ruinen eines antiken Mars-Tempels errichtet.

Chapelle du Rosaire (Chapelle Matisse)

| Kapelle |

Die Rosenkranzkapelle wurde – einzigartig für ein sakrales Gebäude – nach den Plänen des Künstlers Henri Matisse erbaut und nach vier Jahren Bauzeit 1951 eingeweiht. Ebenso gestaltete der Maler auch die gesamte Dekoration im Inneren.

■ 466, av. Henri-Matisse, www.chapellematisse.fr, Di, Do, Fr 10–11.30, 14–17.30, Mi, Sa 14–17.30 Uhr, Dez. geschl., 7 €, Kinder (bis 16 J.) 4 €

In der Umgebung

Tourrettes-sur-Loup
| Dorf |
Der bezaubernde kleine Ort mit seinen engen Gassen wird von vielen Künstlern und Kunsthandwerkern bewohnt. Der Fluss Loup hat sich hier eine tiefe Schlucht gegraben, Viadukte der früheren Eisenbahnstrecke überqueren spektakulär die Täler. Auf dem Markt am Mittwochmorgen bieten die Händler neben Käse- und Wurstspezialitäten auch die hier gefertigten Töpferwaren sowie Süßigkeiten mit echtem Veilchenaroma an. Zur Blütezeit leuchtet die gesamte Umgebung in Lila, die Veilchenblüten werden, außer für kandierte Kekse, in Grasse für die Parfumherstellung verwendet.

Parken

Außerhalb der Stadtmauern Richtung Westen gibt es drei Parkplätze.

Restaurants

€€ | **Auberge des Seigneurs** Deftige provenzalische Küche im Gemäuer aus dem 17. Jh. ■ 1, rue du Dr-Binet, Tel. 04 93 58 04 24, www.auberge-seigneurs.fr, Juli, Aug. Di–So, sonst Di–Sa, Mitte Dez.–Mitte Jan. geschl.

Wandern

Col de Vence Über die D2 ab Vence geht es zum 970 m hohen Gipfel mit Blick bis zum Cap d'Antibes und das Massif de l'Esterel. Ein vierstündiger Fußmarsch auf dem GR 51 führt bis zum Ort St-Jeannet.

32 St-Paul-de-Vence

Dem Charme dieses Dorfes verfallen all die zahlreichen Besucher

Information

■ Office de tourisme, 2, rue Grande, 06570 St-Paul-de-Vence, Tel. 04 93 32 86 95, www.saint-pauldevence.com

Das kleine Dorf ist eines der meistbesuchten der Côte d'Azur. Der einstige Charakter des Orts hat sich vor allem durch die gut erhaltene Befestigungsanlage, die alten Häuser und die lebhafte Rue Grande mit ihrem berühmten Springbrunnen erhalten. Die bedeutendsten französischen Künstler hatten St-Paul zu ihrem Domizil erkoren, Marc Chagall ist hier beerdigt.

Sehenswert

Fondation Maeght
| Museum |
7 *Ein Tempel der modernen Kunst mit Skulpturengarten*
Dieser Tempel der modernen Kunst wurde vom Architekten Josep Lluís Sert, einem früheren Mitarbeiter von Le Corbusier, perfekt in die Hügellandschaft integriert. Nach den Wünschen des Gründers Aimé Maeght, dem 1981 verstorbenen Kunsthändler, ist der Park bevölkert von Skulpturen, die von Braque, Arp, Chagall und anderen stammen. Im Innern ist eine fabelhafte Sammlung aller Großen der Moderne zu sehen: von Kandinsky über Chagall und Léger bis Hartung. Drei- bis vier-

Im Blickpunkt

Boule – Südfrankreichs Volkssport

Weitaus gebräuchlichste Form des Spiels mit den Metallkugeln ist Pétanque, bei dem aus dem Stand geworfen wird. Ziel ist es, seine Kugeln möglichst nahe an der kleinen Holzkugel, dem Schweinchen, zu platzieren, die in 6 bis 10 m Entfernung geworfen wurde. Bei einer Doublette (zwei Spieler à drei Kugeln) gibt es in der Regel einen Leger und einen Schießer, der nahe am Ziel liegende gegnerische Kugeln wegzukicken versucht. Für jede eigene Kugel, die am Ende näher am Ziel ist als die des Gegners, erhält die Mannschaft einen Punkt. In Zweifelsfällen wird der Abstand millimetergenau mit einem Maßband ermittelt. Mit 13 Punkten ist das Spiel beendet.

mal pro Jahr finden zusätzlich bedeutende Ausstellungen statt.

■ 623, chemin des Gardettes, www.fondation-maeght.com, Juli–Sept. 10–19, sonst 10–18 Uhr, 15 €, Kinder 10 €

Chapelle des Pénitents Blancs

| Kunstausstellung |

Die frühere Kapelle der »Weißen Büßermönche« aus dem 17. Jh. wurde 2005 vom belgischen Künstler Jean-Michel Folon neu ausgestaltet. Seit 2008 sind hier Mosaiken, Skulpturen und Malereien zu sehen.

■ Pl. de l'Église, www.saint-pauldevence.com, Mai–Sept. 10–12.30, 14–18, sonst 10–12.30, 14–16 Uhr, Nov. geschl., 4 €, Kinder (unter 6 J.) frei

Place du Jeu de boules

| Dorfplatz |

Gern erzählt man sich, dass Yves Montand und Lino Ventura hier einst mit ihren einheimischen Freunden Boule spielten. Nach Ende des vormittäglichen Markts versammeln sich hier immer noch die Spieler, das Office de Tourisme veranstaltet Boule-Turniere und Einführungsseminare in die Kunst des Kugelspiels.

P Parken

Ein kostenpflichtiger Parkplatz befindet sich außerhalb des Dorfs auf der Route des Serres (2 €/Std.).

Restaurants

€€ | **Le Caruso** Schmackhafte südliche Küche. ■ 1, montée de la Castre, Tel. 04 93 24 36 47, www.lecarusodesaintpaul.fr, Do–Di mittags und abends

Kneipen, Bars und Clubs

Café de la Place Zentral am Bouleplatz gelegene Kneipe, Treffpunkt der Einheimischen vor und nach dem Spiel.

■ Pl. du Général-de-Gaulle

33 Cagnes-sur-Mer

Geburtsort eines Meisterkochs und letzte Station eines großen Malers

i Information

■ Office de tourisme, 6, bd. Maréchal Juin, 06800 Cagnes-sur-Mer, Tel. 04 93 20 61 64, www.cagnes-tourisme.com

In einer Hügellandschaft, umgeben von Oliven, Palmen und Blumenfeldern, liegt die Stadt mit zwei unterschiedlichen Gesichtern: die Oberstadt, der ältere Teil, der seit jeher Künstler anzog, und Cros-de-Cagnes am Meer, einst ein kleines Fischerdorf, das sich zwar mit kleinem Hafen und Fischerkapelle seine Tradition bewahrt hat, aber heute überwiegend ein Zentrum aller Arten von Wassersport geworden ist.

ADAC *Mobil*

Kostenlose Shuttle-Busse verbinden den Busbahnhof mit der Oberstadt (Linie 44, alle 15 Min.).

Sehenswert

Altstadt

| **Stadtviertel** |

Von einer Stadtmauer umgeben, ist die historische Stadt ein netter Ort zum Bummeln – durch malerische Gassen und vorbei an Häusern aus dem 15. bis 17. Jh. Die Kirche St-Pierre enthält 15 Gemälde, die den Kreuzweg illustrieren, für den die Stadtbewohner anlässlich des Jubiläums im Jahr 2000 gesammelt hatten. Die nicht weit entfernte Kapelle Notre-Dame-de-Protection ist mit zahlreichen Fresken aus dem 16. Jh. geschmückt.

Château-Musée

| **Museen** |

Über eine doppelte Treppe gelangt man ins befestigte Schloss, zahlreiche Pechnasen zeugen von seinem Wehrcharakter. 1310 wurde es von Rainier Grimaldi errichtet. Das Erdgeschoss beherbergt ein Museum über die Geschichte des Olivenanbaus und der Olivenölproduktion, im ersten Stock befindet sich die Schenkung Suzy Solidor mit 40 Porträts dieser früher berühmten Sängerin, u.a. von Jean Cocteau. Ein Museum moderner Kunst des Mittelmeers mit Werken z.B. von Raoul Dufy und Victor Vasarely ist im zweiten Stock zu bewundern.

■ Pl. du Château, www.cagnes-tourisme.com, Juli, Aug. Mi–Mo 10–13, 14–18, April–Juni, Sept., Okt. 10–12, 14–18, sonst 10–12, 14–17 Uhr, 4 €, Kinder frei

Musée Renoir

| **Museum** |

Die letzten 12 Jahre seines Lebens verbrachte Auguste Renoir in Cagnes. Zuletzt schwer krank, malte er geschwächt im Rollstuhl sitzend weiter und schuf hier bedeutende Werke des Impressionismus.

■ 19, chemin des Collettes, www.cagnes-tourisme.com, Juni–Sept. 10–13, 14–18, April, Mai 10–12, 14–18, sonst 10–12, 14–17 Uhr, 6 €, Kinder frei

Musée Escoffier de l'Art Contemporain

| **Museum** |

Im Geburtshaus von Auguste Escoffier zeigt dieses Museum Küchengeräte, eine nachgebaute, typisch provenzalische Küche, Rezepte des Meisterkochs, handgeschrieben (!), aber auch von heutigen großen Küchenchefs.

■ 3, rue Auguste-Escoffier, Villeneuve-Loubet, www.fondation-escoffier.org, Juni–Sept. 10–13, 14–19 Uhr, sonst auf Anfrage, Nov., Dez. geschl., 6 €, Kinder (bis 11 J.) frei

Restaurants

€€ | **La Flibuste** Fangfrischer Fisch in elegantem Ambiente. ■ 1001, av. de la Batterie, Marina baie des Anges, Villeneuve-Loubet, Tel. 04 93 20 59 02, www.restaurantlaflibuste.fr, Di–Sa, So mittags, im Nov. zwei Wochen geschl.

Übernachten

Die Auswahl der Hotels an der Küste ist groß, und die besten zeichnen sich neben einer guten Lage und wohnlich gestalteten Zimmern in individuellem Stil durch einen freundlichen Empfang und herzliche Gastgeber aus. Viele Häuser allerdings bieten mitunter eine recht fantasielose Unterkunft, wobei sie preislich dennoch keine Schnäppchen sind. Besonders zur Zeit des Filmfestivals in Cannes ist kaum eine gute Bleibe zu finden. Für die Ferienmonate sollte man frühzeitig buchen, um für sich ein tolles Hotel zu reservieren.

Fréjus und St-Raphaël 68

€–€€ | **Atoll** Familiäres Hotel nahe Strand und Jachthafen, einfache, aber funktionelle Zimmer. ■ 923, bd. de la Mer, 83600 Fréjus, Tel. 04 94 51 53 77, www.atollhotel-frejus.com

€–€€ | **Santa Lucia** Jedes Zimmer im Stil einer anderen fernen Region, Meeresblick, Jacuzzi. ■ 418, route de la Corniche d'Or, 83700 St-Raphaël, Tel. 04 94 95 23 00, www.hotelsantalucia.fr

Massif de l'Esterel 70

€€ | **Les Flots bleus** Oberhalb der Bucht von Anthéor, individuelle, toll gestaltete Zimmer, Blick aufs Meer. ■ 83, route St-Barthélemy, 83530 Agay, Tel. 04 94 95 90 00, www.hotel-restaurant-les-flots-bleus.com

Cannes 71

€€ | **Chalet de l'Isère** Patio mit Palmen und Zitronen, Zimmer in hellen Tönen mit Motiven zu dem einstigen Gast Guy de Maupassant. ■ 42, av. de Grasse, 06400 Cannes, Tel. 04 93 38 50 80, www.hotel-chalet-isere-cannes.com

€€–€€€ | **Le Mistral** Direkt hinter dem Festivalpalast, hübsche große Zimmer. ■ 13, rue des Belges, 06400 Cannes, Tel. 04 93 39 91 46, www.mistral-hotel.com

€€–€€€ | **Villa Claudia** Charmantes Hotel im Norden der Stadt in ruhiger Park-Lage und mit modernen großen Zimmern. ■ 37, bd. d'Alsace, 06400 Cannes, Tel. 04 93 38 34 33, www.villa-claudia-cannes.com

€€–€€€€ | **Festival** Unterschiedlich farbig dekorierte, große Zimmer, lärmgedämpft, Spa-Bereich. ■ 3, rue Molière, 06400 Cannes, Tel. 04 97 06 64 40, www.hotel-festival.com

Mougins 75

€–€€ | **La Caladine** Sympathisches kleines Gästehaus, unterhalb der Altstadt gelegen, üppig bewachsener Park, großer Pool und dezent dekorierte Zimmer. ■ 415, chemin des Moines, 06250 Mougins, Tel. 04 92 28 07 38, www.lacaladina.com

Grasse 75

€–€€ | **Casabella** Große, geschmackvolle Zimmer, Terrasse mit Blick auf die umliegenden Hügel. ■ 45, av. de Cannes, 06370 Mouans-Sartoux (7 km südöstl. von Grasse), Tel. 04 92 98 63 43, www.hotel-casabella.com

Antibes und Juan-les-Pins 78

€ | Hôtel de l'Étoile Schlicht, aber ruhig und funktional, nahe dem Zentrum. ■ 2, av. Gambetta, 06600 Antibes, Tel. 04 93 34 26 30, www.hoteletoile.com

€–€€ | Hôtel Cecil Schönes Haus im Herzen der Stadt, nah am Meer, nette, aber kleine Zimmer. ■ 18, rue Jonnard, 06600 Antibes-Juan-les-Pins, Tel. 04 93 61 05 12, www.hotelcecil-france.com

€€–€€€ | Eden Hôtel Herzliche Atmosphäre, nahe am Strand, einfache Zimmer. ■ 16, av. L.-Gallet, 06600 Antibes-Juan-les-Pins, Tel. 04 93 61 05 20, www.edenhoteljuan.com

€€–€€€ | Hôtel La Jabotte Kleines, charmantes Haus, 60 m vom Strand, hübsche individuelle Zimmer. ■ 13, av. Max-Maurey, Cap-d'Antibes, 06160 Antibes, Tel. 04 93 61 45 89, www.jabotte.com

€€€ | Hôtel Mademoiselle Das Design-Hotel liegt nur 150 m vom Strand entfernt in einer sehr munteren Straße. Spektakulär ist die Einrichtung der 14 Zimmer. ■ 12, av. du Docteur-Dautheville, 06160 Juan-les-Pins, Tel. 04 93 61 31 34, www.hotelmademoisellejuan.com

Vence 80

€–€€ | Villa Roseraie Provenzalischer Charme, stilvolle Villa aus dem 19. Jh., schöner Garten mit Palmen und kleinem Pool, nur fünf Minuten von der Altstadt entfernt, kleine, aber sehr hübsche Zimmer. ■ 128, av. Henri-Giraud, 06140 Vence, Tel. 04 93 58 02 20, www.villaroseraie.com

€–€€€ | Miramar Freundliches Hotel in toller Lage, Terrasse mit Blick auf das Meer und die Berge, Garten, Pool, individuelle Zimmer. ■ 167, av. Bougearel, 06140 Vence, Tel. 04 93 58 01 32, www.hotel-miramar-vence.com

€€ | Auberge des Seigneurs Geräumige Zimmer im alten Gemäuer aus dem 17. Jh. mit antiken Möbeln, am Rande der Altstadt. ■ 1, rue du Dr-Binet, 06140 Vence, Tel. 04 93 58 04 24, www.auberge-seigneurs.com

€€–€€€ | Diana Zentral gelegen, Zimmer mit Balkon, Solarium und Jacuzzi auf der Dachterrasse, Fitness-Bereich. ■ 79, av. des Poilus, 06140 Vence, Tel. 04 93 58 28 56, www.hotel-diana.fr

18 **€€€ | Histoires de Bastide** Kleines, sehr charmantes Hotel mit nur vier Zimmern, liebevoll eingerichtet. Direkt an der Stadtmauer, von der Terrasse geht der Blick Richtung Süden aufs Mittelmeer. ■ 26, rue de la Bourgade, 06140 Tourrettes-sur-Loup (ca. 6 km westl. von Vence), Tel. 06 67 79 08 73, www.histoiresdebastide.com

St-Paul-de-Vence 81

€–€€€ | Hôtel Les Bastides de St-Paul Rosafarbenes Haus im Grünen, moderne große Zimmer, Garten, Terrasse, pik-förmiger Pool. ■ 880, chemin Blaquières (D 336), 06570 St-Paul-de-Vence, Tel. 04 92 02 08 07, www.hotelbastides.fr

Cagnes-sur-Mer 82

€€ | Chambre d'hôte Les Jardins Fragonard Auf den Höhen von Cagnes-sur-Mer, inmitten eines Parks, freundliche Zimmer in provenzalischen Farben. ■ 12, rue Fragonard, 06800 Cagnes-sur-Mer, Tel. 04 93 20 07 72, www.jardins-fragonard.com

€€ | Le Chantilly Kleines familiäres Hotel, frisch renoviert, schattiger Garten, lediglich 500 m vom Strand entfernt. ■ 31, chemin Minoterie, 06800 Cagnes-sur-Mer, Tel. 04 93 20 25 50, www.hotellechantilly.com

Nizza und die Riviera

Der mondänste Küstenabschnitt bietet nicht nur Luxus für Superreiche, sondern auch spannende Kultur- und Naturerlebnisse abseits des Trubels

Nizza ist die größte Stadt der Côte d'Azur und – etwa 400 v. Chr. gegründet – auch eine der ältesten Ansiedlungen im Süden Frankreichs. Höhepunkt des Jahres ist der traditionsreiche Karneval, der eine Million Besucher anlockt. Eine der schönsten Prachtstraßen Frankreichs, die Promenade des Anglais, verläuft zwischen dem Kieselstrand und glanzvollen Bauten wie dem Hotel Negresco. Über Villefranche-sur-Mer mit seinen in der geschützten Bucht ankernden Jachten geht der Weg zu dem von Hügeln geschützten Badeort Beaulieu. Die von Luxusresidenzen besiedelte Halbinsel St-Jean-Cap-Ferrat bietet mit der Villa Ephrussi de Rothschild ein kulturelles Highlight. Auf einem Felsen oberhalb des Meers liegt der kleine Ort Èze und kann sich aufgrund seiner exponierten Lage über Mangel an Touristen nicht beklagen. Roquebrune-Cap-Martin besitzt angenehme Badestrände, die vom Wehrturm des alten Château überragt werden. Das benachbarte Fürstentum Monaco stellt sich als ein Mix aus Operette und profitablem Unternehmen dar, garniert mit Formel-1-Rennen und Casino. In Menton nahe der italienischen Grenze zeigt das Thermometer stets etwas mehr Grad an als an der übrigen Côte d'Azur – die Seealpen sorgen für Schutz und somit für das milde Klima. Die Stadt ist sommers wie winters ein Erlebnis, seine Gärten und Strände sollte man unbedingt genießen.

In diesem Kapitel:

ADAC Top Tipps:

8 **Promenade des Anglais, Nizza**

| Prachtavenue |

Eine der prachtvollsten Avenuen ganz Frankreichs entlang der Bucht der Engel, mit eindrucksvollen Bauten wie dem Hotel Negresco, der Villa Masséna und dem Palais de la Méditerranée. 88

9 **Musée Océanographique de Monaco**
| Ozean-Museum |
Eines der artenreichsten Aquarien weltweit, 1910 von Fürst Albert I. gegründet, begeistert seine Besucher mit riesigen Becken, in denen sich große und kleine Meeresbewohner aus unterschiedlichen klimatischen Zonen tummeln. 103

ADAC Empfehlungen:

19 **Place Garibaldi, Nizza**
| Platz |
Nizzas zentral gelegene Fußgängerzone wird von eleganten Häuserfassaden und gemütlichen Cafés gesäumt. 94

20 **Cave de la Tour, Nizza**
| Bistro |
Beliebter und bereits morgens gut besuchter Treff der Fischer mit großer Weinkarte. 94

21 **Musée National Marc Chagall, Nizza**
| Museum |
Der Künstler schenkte der Stadt diese Gemäldesammlung. 95

22 **Villa Ephrussi de Rothschild, St-Jean-Cap-Ferrat**
| Museum |
Im rosafarbenen Palais ist eine große Sammlung von mehr als 5000 Kunstwerken untergebracht. 98

23 **L'Opéra et Casino de Monte Carlo**
| Oper und Spielkasino |
Das prächtige Haus vereint Kasino und Oper, Glücksspiel und Kunst unter einem Dach. 101

24 **Promenade du Soleil, Menton**
| Flanierweg |
Die Uferpromenade gewährt den Flaneuren herrliche Panoramen. 105

34 Nizza

»Nissa la Bella« ist reich an Kultur und prallem Leben

Cours Saleya: Nizzas gute Stube dient wochentags als Marktplatz

Information

- Office du tourisme, 5, promenade des Anglais, 06300 Nice, Tel. 08 92 70 74 07, www.nicetourisme.com
- Parken siehe S. 92

Das Meer im Hintergrund die Seealpen, der Mix aus quirliger Altstadt und bürgerlichen Vierteln mit ihren Belle-Époque-Villen machen den faszinierenden Reiz der Stadt aus. Der italienische Einfluss ist überall zu spüren, Museen und Parks sowie die Zeugnisse aus der römischen Vergangenheit tragen ebenso zum Charme von »Nissa la Bella« bei, wie die Hymne der Stadt lautet.

Der Westen von Nizza

Belle-Époque-Bauten und eine der berühmtesten Flaniermeilen der Welt

Westlich vom Fluss Paillon ist die Stadt stark von der Zeit geprägt, als reiche Engländer hier die milden Wintermonate verbrachten. Bauten im Stil der Belle Époque dominieren die Straßen in Richtung Meer.

Sehenswert

1 Promenade des Anglais
| Prachtavenue |

8 *Renommierte Flaniermeile entlang der »Engelsbucht« in Nizza*

Plan S. 90/91

ADAC Spartipp

Der **French Riviera Pass** bietet kostenlose Nutzung der Busse Nice L'Open Tour, die Rundfahrten mit dem Mini-Zug sowie freien Eintritt zu den wichtigsten kulturellen Stätten in Nizza und der Côte d'Azur. 1 Tag 26 €, 2 Tage 38 €, 3 Tage 56 €, erhältlich im Office de Tourisme (S. 88).

Auf Initiative der britischen Einwohner entstand Mitte des 19. Jh. die Prachtstraße entlang der Baie des Anges, der Engelsbucht. Das azurblaue Meer, Kiesstrand, Palmen und luxuriöse Bauten säumen die Promenade, dazu viele Cafés und Restaurants. Weltberühmt ist der Bau des Hotel Negresco von 1913, unweit davon der Palais de la Méditerranée im Art-déco-Stil.

2 Musée des Beaux-Arts Jules-Chéret

| Museum |

Das wunderschöne Gebäude, 1878 für die ukrainische Prinzessin Kotschoubey gebaut, beherbergt Meisterwerke aus dem 17. bis 19. Jh. Den Fauvisten Raoul Dufy und Kees van Dongen sind weitere Museumsräume gewidmet, auch Werke von Monet, Sisley und anderen sind zu bewundern.

■ 33, av. des Baumettes, Di–So Juni–Mitte Okt. 10–18, sonst 11–18 Uhr, 20 €, Kinder frei

3 Villa Masséna

| Museum |

Errichtet vom bekannten dänischen Architekten Tersling, bewohnte die Villa der Enkel von André Masséna, des Marschalls Napoleons. Zu sehen sind die eleganten Wohnräume, die charmanten Gärten und in den oberen Etagen Tafeln und Objekte aus der Geschichte Nizzas.

■ 35, promenade des Anglais, www.musee-massena-nice.org, Mi–Mo 10–18 Uhr, 10 €

4 Place Masséna

| Fußgängerzone |

Durch den Garten Albert I gelangt man zu diesem zentralen Platz mit seinem schachbrettartigen Pflaster

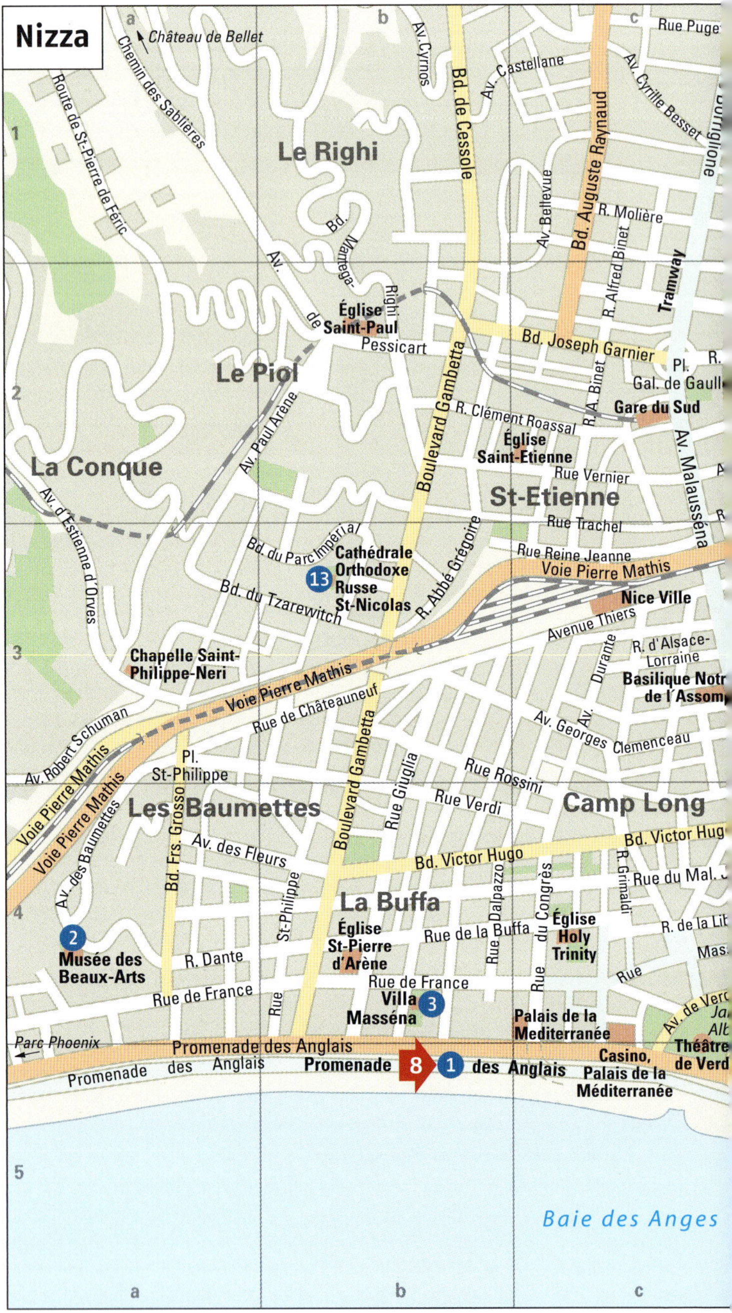

Nizza
Château de Bellet
Chemin des Sablières
Route de St-Pierre de Féric
Le Righi
Av. Cyrnos
Bd. de Cessole
Av. Castellane
Bd. Auguste Raynaud
Av. Cyrille Besset
Av. Bellevue
R. Molière
R. Alfred Binet
Tramway
Bd. Mantega
Av. de Righi
Église Saint-Paul
Pessicart
Bd. Joseph Garnier
Pl. Gal. de Gaulle
Le Piol
Boulevard Gambetta
R. Clément Roassal
R. A. Binet
Gare du Sud
Av. Paul Arène
Église Saint-Etienne
Rue Vernier
La Conque
St-Etienne
Av. Malausséna
Av. d'Estienne d'Orves
Rue Trachel
Bd. du Parc Impérial
Cathédrale Orthodoxe Russe St-Nicolas
R. Abbé Grégoire
Rue Reine Jeanne
Voie Pierre Mathis
Bd. du Tzarewitch
Nice Ville
Avenue Thiers
R. d'Alsace-Lorraine
Av. Durante
Chapelle Saint-Philippe-Neri
Basilique Notre de l'Assomption
Rue de Châteauneuf
Av. Georges Clemenceau
Av. Robert Schuman
Pl. St-Philippe
Rue Giuglia
Rue Rossini
Rue Verdi
Les Baumettes
Camp Long
Av. des Baumettes
Bd. Frs. Grosso
Av. des Fleurs
Bd. Victor Hugo
R. Grimaldi
Rue du Mal. Joffre
La Buffa
Rue St-Philippe
Rue de la Buffa
Rue Dalpozzo
Rue du Congrès
Église Holy Trinity
R. de la Liberté
Église St-Pierre d'Arène
Musée des Beaux-Arts
R. Dante
Rue de France
Villa Masséna
Palais de la Méditerranée
Av. de Verdun
Jardin Albert
Théâtre de Verdure
Parc Phoenix
Promenade des Anglais
Casino, Palais de la Méditerranée
Baie des Anges

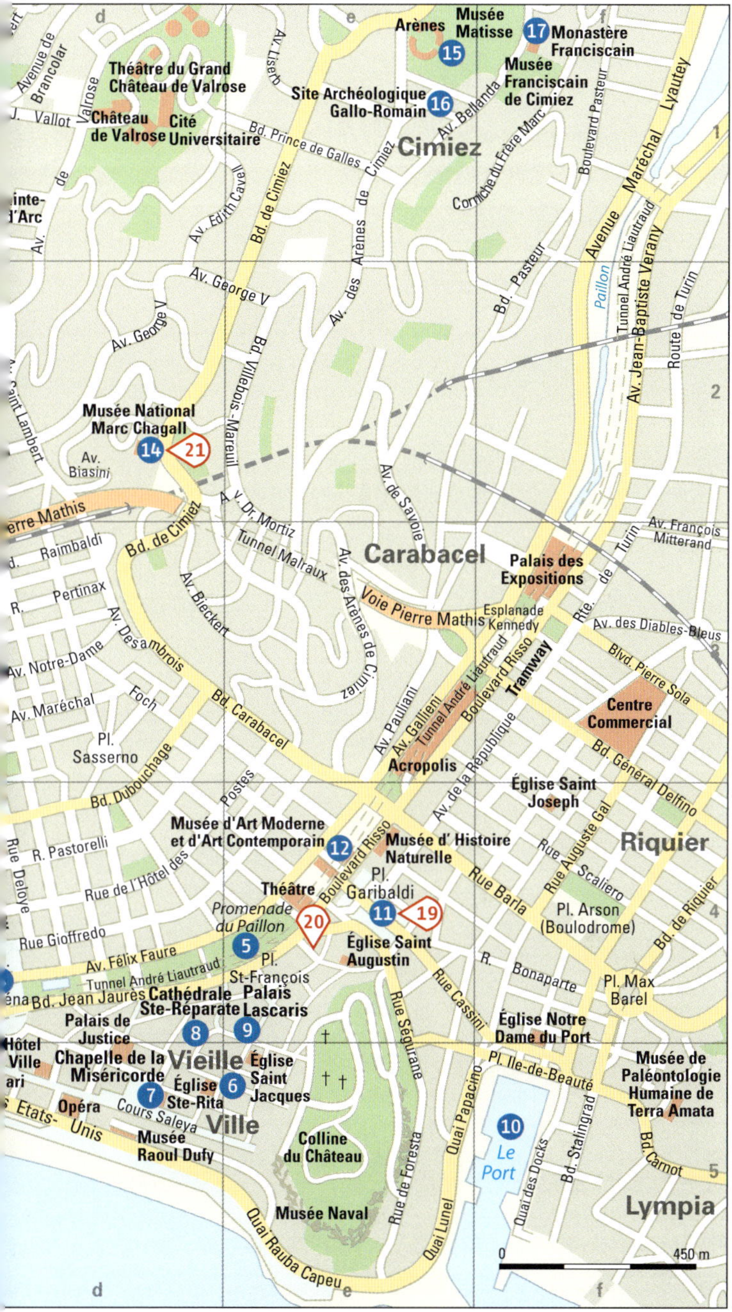
Musée Matisse
Arènes
15
17 Monastère Franciscain
Musée Franciscain de Cimiez
Site Archéologique Gallo-Romain 16
Théâtre du Grand Château de Valrose
Château de Valrose
Cité Universitaire
Cimiez
Bd. Prince de Galles
Av. Lisero
Av. Bellanda
Corniche du Frère Marc
Boulevard Pasteur
Avenue Maréchal Lyautey
Avenue de Brancolar
Valrose
Av. de Sainte-Jeanne d'Arc
Av. Edith Cavell
Bd. de Cimiez
Av. des Arènes de Cimiez
Av. George V
Bd. Pasteur
Paillon
Tunnel André Liautraud
Av. Jean-Baptiste Verany
Route de Turin
Bd. Villebois-Mareuil
Musée National Marc Chagall
14
21
Av. Biasini
Av. Saint Lambert
Av. Dr. Moriz
Tunnel Malraux
Av. de Savoie
Carabacel
Palais des Expositions
Av. François Mitterand
Rte. de Turin
Voie Pierre Mathis
Esplanade Kennedy
Av. des Diables-Bleus
Blvd. Pierre Sola
Raimbaldi
Pertinax
Av. Desambrois
Av. Bieckert
Av. des Arènes de Cimiez
Av. Notre-Dame
Av. Maréchal Foch
Pl. Sasserno
Bd. Carabacel
Av. Pauliani
Av. Gallieni
Tunnel André Liautraud
Boulevard Risso
Tramway
Av. de la République
Centre Commercial
Bd. Général Delfino
Acropolis
Église Saint Joseph
Bd. Dubouchage
Postes
Musée d'Art Moderne et d'Art Contemporain
12
Musée d' Histoire Naturelle
Boulevard Risso
Rue Auguste Gal
Rue Scaliero
Riquier
R. Pastorelli
Rue de l'Hôtel des Postes
Rue Deloye
Théâtre
Pl. Garibaldi
11
19
20
Rue Barla
Pl. Arson (Boulodrome)
Bd. de Riquier
Promenade du Paillon
Rue Gioffredo
5
Av. Félix Faure
Tunnel André Liautraud
Pl. St-François
Église Saint Augustin
R. Bonaparte
Pl. Max Barel
Rue Cassini
Rue Ségurane
Bd. Jean Jaurès
Cathédrale Ste-Réparate
Palais Lascaris
Palais de Justice
8
9
Église Notre Dame du Port
Hôtel de Ville
Chapelle de la Miséricorde
Vieille Ville
Église Saint Jacques
Église Ste-Rita
6
7
Pl. Ile-de-Beauté
Musée de Paléontologie Humaine de Terra Amata
Opéra
Cours Saleya
Etats-Unis
Musée Raoul Dufy
Colline du Château
Quai Papacino
10
Le Port
Quai des Docks
Bd. Stalingrad
Bd. Carnot
Lympia
Musée Naval
Rue de Foresta
Quai Lunel
Quai Rauba Capeu
0
450 m
d
e
f
1
2
3
4
5

Im Blickpunkt

Karneval in Nizza

Der Karneval von Nizza zählt weltweit zu den größten Karnevalsveranstaltungen. Die zwei Wochen bis zum Faschingsdienstag, dem Mardi gras, sind voller Spektakel. Mehr als eine Million Besucher amüsieren sich beim Karneval, der jedes Jahr unter einem anderen Motto steht. An vier Tagen findet ein gigantischer Blumenkorso auf der Promenade des Anglais statt, bei dem von prächtig geschmückten Festwagen Sonnenblumen, Mimosen, Gerbera und andere Blumen in die Menge geworfen werden – etwa 100 000 während des gesamten Karnevals –, begleitet von Musikgruppen und Tänzern. Abends ziehen die Umzugswagen rund um die Place Masséna, die riesigen Figuren auf und neben den Wagen sehen bunt beleuchtet noch fantastischer aus. Am Abschlussabend wird König Karneval auf dem Meer verbrannt – zum Glück ist er aus Pappmaschee. Zahlreiche Tribünen sind aufgebaut. Reservierungen unter www.nicecarnaval.com

aus schwarzen Basalt- und weißen Kalksteinen. Als farblicher Kontrast ist der Platz gesäumt von Häusern aus rotem Ocker mit Arkadengängen. Sieben vom spanischen Künstler Jaume Plensa gestaltete, abends beleuchtete Figuren sind auf hohen Pfählen sitzend installiert. Von hier aus erreicht man weitere Fußgängerstraßen mit zahlreichen Cafés und Restaurants.

5 Promenade du Paillon

| Park |

Diese grüne, 12 ha umfassende Oase mit mehreren Wasserspielen bedeckt den Fluss Paillon, der im Herzen von Nizza auf einer Länge von 1,2 km unterirdisch verläuft. Die Grünanlage im Herzen der Stadt markiert auch die Trennlinie zu den älteren Stadtteilen.

P Parken

Am besten parkt man in einem der Parkhäuser, etwa Parking Indigo Massena (18, av. Félix Faure, 3,30 €/1 Std.).

Restaurants

€€ | **Le Canon** Lokale Küche mit Felsenfischen oder Lammfleisch aus dem Mercantour. ■ 23, rue Meyerbeer, Tel. 04 93 79 09 24, www.lecanon.fr, Mo, Di, Mi abends, Do, Fr, Plan S. 90/91, c4

€€ | **L'école de Nice** Japanischer Küchenchef, kreative Niçoiser Gerichte. ■ 16, rue de la Buffa, Tel. 04 93 81 39 30, www.lecoledenice.com, Mo mittags, Di–Fr, Sa abends, Plan S. 90/91, c4

Der Osten von Nizza – Altstadt und Hafen

Pulsierendes Leben in kleinen Gassen, ein Burgberg und ein malerischer Hafen

Südländische Lebensart ist überall in den kleinen Gassen der Altstadt präsent, die täglichen Märkte sind ein Genuss für Augen, Gaumen und Nase.

Sehenswert

6 Altstadt

| Stadtteil |

Enge schattige Gassen, in denen auf den Balkons die Wäsche zum Trocknen hängt, prägen die Altstadt. Eine Bar säumt die andere, originelle Restaurants laden zur Einkehr. Charmantes Zentrum bildet der Cours Saleya, auf dem täglich bis 13 Uhr ein Markt mit üppigem Angebot an Gemüse und Blumen stattfindet – außer montags, wenn Trödelhändler hier ganztägig Antiquitäten anbieten.

7 Chapelle de la Miséricorde

| Kapelle |

Die Kapelle der »Schwarzen Büßer« erweist sich als ein kleines Meisterwerk des Barocks von 1740. Im goldgeschmückten Inneren schweben Unmengen an Engeln. Zwei sehenswerte Altaraufsätze stammen von Künstlern der »primitifs niçois«.

■ 2, pl. Pierre-Gautier, Di 14–17.30 Uhr, Juli, Aug. geschl.

8 Cathédrale Ste-Réparate

| Kathedrale |

Inmitten der Altstadt gelegen, bestrahlen die glasierten Dachziegel dieses imposanten Gotteshauses bei Sonne die gesamte Umgebung, weithin zu sehen ist der daneben stehende Kampanile. Im Inneren ist das Gotteshaus üppig im Barockstil dekoriert mit viel Stuck und Marmor.

■ Pl. Rosetti, Di–So 9–12, 14–18 Uhr

9 Palais Lascaris

| Museum |

Die einst einflussreiche Familie Lascaris, darunter ein Großmeister des Malteser-Ordens, ließ dieses Barockpalais mit seiner prächtigen Fassade und mit auf Marmorpfeilern aufliegenden Balkonen 1665 erbauen. Eine prachtvolle Treppe führt zu den früheren Gemächern der Familie, ausgestattet mit Kunstwerken. Sehenswert ist die Sammlung von Musikinstrumenten aus mehreren Jahrhunderten.

■ 15, rue Droite, www.nicetourisme.com, Mi–Mo Juni–Okt. 10–18, sonst 11–18 Uhr, 10 €, Kinder frei

10 Le Port

| Hafen |

Der Hafen ist das Zentrum für Kreuzfahrtschiffe, hier legen die Fähren nach Korsika ab. Doch auch Fischerboote und luxuriöse Jachten bevölkern den Hafen im Schatten des Schlosshügels, auf dem seit der Zerstörung durch Ludwig XIV. allerdings kein Schloss mehr steht. Vom Quai Rauba Capeu (»der Hutraüber« wegen des stetigen Windes) bietet sich wie vom Bug eines Schiffes ein tolles Panorama. In der runden Tour Bellanda, deren buntes Dach in der Sonne glänzt, wohnte einst Hector Berlioz. Etwas weiter, am Quai des États-Unis, wurde im Jahr 2010 anlässlich der 150-Jahr-Feier von Nizzas Zugehörigkeit zu Frankreich eine 30 m hohe Skulptur im verrosteten Stil errichtet.

ADAC *Wussten Sie schon?*

Der Engländer Sir Thomas Coventry, ein früherer Oberst, feuerte Mitte des 19. Jh. jeden Mittag eine **Kanone** ab, damit seine Frau von ihren Spaziergängen pünktlich nach Hause kam. Ob's erfolgreich war, weiß man nicht. Doch die Bewohner liebten diesen Brauch, der Kanonenknall wurde per Dekret als »Lou Canoun De Miejour« festgeschrieben, und so entzündet ein städtischer Angestellter bis heute täglich um 12 Uhr auf dem Schlosshügel einen weit tönenden Feuerwerkskörper.

11 Place Garibaldi

| Platz |

19 *Fußgängerzone mit eleganten Fassaden und gemütlichen Cafés*

Zwischen Stadtzentrum und Altstadt gelegen, macht es einfach Spaß, hier eine Pause einzulegen, mit Blick auf die eleganten Häuserfassaden in gelbem Ocker, die Arkaden und die Terrassen der Cafés. Mächtig erhebt sich hier die Statue von Giuseppe Garibaldi, gebürtiger Niçois und Kämpfer für die Einheit Italiens.

12 MAMAC – Musée d'Art Moderne et d'Art Contemporain

| Zeitgenössisches Museum |

Vier quadratische Türme aus weißem Marmor, 30 m hoch – das 1990 eröffnete Museum ist von Weitem sichtbar. Die Terrasse zieren große Skulpturen, u.a. von Niki de Saint Phalle. Im Innern sind Werke amerikanischer Pop Art ausgestellt – von Warhol, Lichtenstein und anderen –, als Gegenstück dazu die Neuen Realisten, darunter Yves Klein als Protagonist. Auch die Neo-Dadaisten Fluxus sind dabei, darunter der bekannteste in Nizza lebende Künstler Ben Vautier.

■ Pl. Yves-Klein, www.mamac-nice.org, Mi–Mo Mitte Juni–Mitte Okt. 10–18, sonst 11–18 Uhr, 10 €, Kinder frei

Restaurants

20 **€ | Cave de la Tour** Frühmorgens geht es schon hoch her: Hier nehmen die Fischhändler und Schlachter ihre »merendà«, einen deftigen Imbiss, ein. Auch mittags kommen viele Einheimische, wenn Besitzer Jean Philippe einfache Gerichte anbietet. Bei den Weinen dominieren lokale Tropfen, so aus dem kleinen Anbaugebiet Bellet im Norden von Nizza, aus St-Paul-de-Vence oder der Abbaye des Lérins. ■ 3, rue de la Tour, Tel. 04 93 80 03 31, www.cavedelatour.com, Di–Sa 7–20, So 7–12.30 Uhr, Plan S. 90/91, e4

€ | René Socca Beliebtes Bistro mit einfachen Speisen. ■ 2, rue Miralhéti, Tel. 04 93 85 95 67, Di–So, Plan S. 90/91, e4

€€ | La Merenda Restaurant mit einfachen Holzhockern, aber vorzüglichen Speisen des einstigen Sternekochs des Negresco. ■ Rue Raoul Bosio, www.lamerenda.net, Mo–Fr, Plan S. 90/91, e5

€€ | Vinivore Etwa 250 Weinempfehlungen stehen auf den Tafeln, der Wirt, passionierter Weinliebhaber, serviert auch guten Fisch. ■ 10, rue Lascaris, Tel. 04 93 14 68 09, www.vinivore.fr, Di–Fr, Sa abends, Plan S. 90/91, f4

€€€ | Café de Turin Institution in Nizza, bekannt für Meeresfrüchte. ■ 5, pl. Garibaldi Tel. 04 93 62 29 52, www.cafedeturin.fr, tgl. 8–22 Uhr, Plan S. 90/91, e4

Kneipen, Bars und Clubs

Les Distilleries idéales Urige Bar, abseits des Cours Saleya. ■ 24, rue de la Préfecture, www.lesdistilleriesideales.fr, tgl. 9–24 Uhr, Plan S. 90/91, d5

ADAC *Wussten Sie schon?*

... dass der Nizzasalat nicht aus Nizza, sondern vermutlich aus Paris stammt. Wirkliche **Nizzaer Spezialitäten** sind hingegen Pissaladière, ein provenzalischer Zwiebelkuchen mit Anchovis und schwarzen Oliven, und Socca, ein Pfannkuchen aus Kichererbsenmehl und Olivenöl. Beides wird direkt vom Blech serviert und gern zwischendurch aus der Hand gegessen.

Der Norden von Nizza – das römische Erbe

Die römische Vergangenheit und sehenswerte Museen lohnen den Weg

Auch außerhalb des Stadtzentrums finden Kulturliebhaber Interessantes: im Wohnviertel Le Piol die russische Kathedrale, nordöstlich davon die Chagall und Matisse gewidmeten Museen sowie römische Überreste.

Sehenswert

13 Cathédrale Orthodoxe Russe St-Nicolas

| Russisch-orthodoxe Kathedrale |

Neben Engländern waren russische Aristokraten häufige Gäste in Nizza. Sie finanzierten 1856 den Bau der ersten orthodoxen Kirche. Unterstützt vom letzten Zaren Nikolaus II. entstand 1912 das aktuelle Bauwerk, die größte russisch-orthodoxe Kathedrale außerhalb Russlands. Sechs reich verzierte Zwiebeltürme und ihre ockerfarbene Fassade bringen einen exotischen Touch in die Silhouette von Nizza.

■ Av. Nicolas-II, www.sobor.fr, Mai–Okt. 9–12, 14–18, sonst 9.30–12, 14–17.30 Uhr, 10 €, Kinder (bis 14 J.) frei, Kopfbedeckung für Frauen, lange Hosen für Männer Pflicht

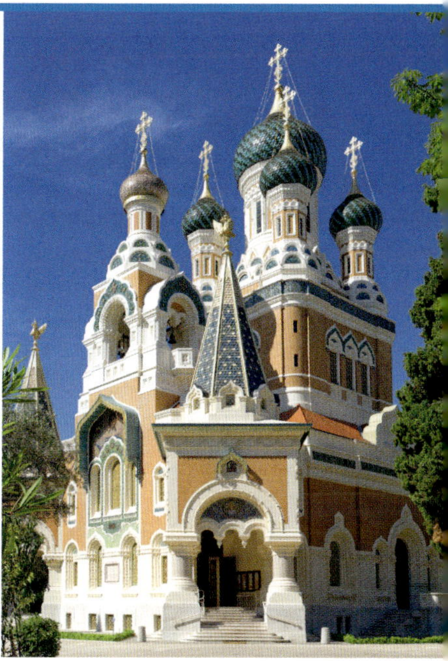

Kuppeln und Türmchen zieren die orthodoxe St-Nicolas-Kirche in Nizza

14 Musée National Marc Chagall

| Museum |

21 *Großartige Gemäldesammlung, vom Künstler der Stadt geschenkt*

Der französische Schriftsteller André Malraux weihte das Museum 1973 ein, dessen Mittelpunkt die Schenkung Chagalls mit seinen 17 großen Gemälden zur biblischen Botschaft ist. An der Gestaltung des Hauses hat der Künstler noch aktiv mitgewirkt.

■ 380, av. Dr-Ménard, www.musees-nationaux-alpesmaritimes.fr, Mi–Mo, Mai–Okt. 10–18, sonst 10–17 Uhr, 8 €, Kinder (unter 18 J.) frei

15 Musée Matisse

| Museum |

Auf den Anhöhen nördlich der Nizzaer Innenstadt, wo sich auch die antiken Stätten von Cimiez befinden, wurde im 17. Jh. diese Villa im Genueser Stil errichtet. Henri Matisse, der bekannteste Maler des Fauvismus, schenkte der Stadt etwa 30 Bilder, dazu Möbel und Skulpturen. Die ausgestellten Werke repräsentieren seinen künstlerischen Werdegang und seine Stationen in Südfrankreich und Marokko.

■ 164, av. des Arènes-de-Cimiez, www.musee-matisse-nice.org, Mi–Mo, Mai–Okt. 10–18, sonst 11–18 Uhr, 10 €, Kinder frei

16 Site Archéologique Gallo-Romain

| Archäologische Stätte |

Auf dem Weg von Italien nach Spanien gründeten die Römer auf den heutigen Hügeln von Cimiez im Norden Nizzas den Ort Cemenelum. Heute kann man aufgrund der Ausgrabungen den bereits hohen Stand der Technik im 1. Jh. n. Chr. nachvollziehen. Das benachbarte Museum zeigt Fundstücke wie Keramiken und kleine Statuen.

■ 160, av. des Arènes-de-Cimiez, www.nice.fr, Do–Di Mitte Juni–Mitte Okt. 10–18, sonst 11–18 Uhr, 10 €, Kinder frei

17 Monastère Franciscain

| Franziskanerkloster |

Inmitten eines schönen Klostergartens steht das Kloster im neugotischen Stil. In der Kirche Ste-Marie-des-Anges sind drei Werke von Louis Brea, eines Vertreters der »primitifs niçois«, zu sehen: eine Pietà, die Kreuzigung und die Kreuzabnahme. Das Museum dokumentiert die Geschichte des Franziskanerordens. Auf dem Friedhof daneben sind die Gräber der Künstler Raoul Dufy und Henri Matisse zu finden.

■ Place Jean-Paul-II, Mo, Di, Do, Sa 9–18, Fr 9–12, 15–18, So 9–10, 12–18 Uhr, Museum: Av. Monastère-Cimiez, Mo–Sa 10–12, 15–17.30 Uhr, Eintritt frei

In der Umgebung

Parc Phoenix

| Park und Museum |

Der große botanische Park am westlichen Stadtrand ist mit 2500 Pflanzenarten, verteilt auf 20 Themengärten, ein besonderes Sinneserlebnis. Im See tummeln sich Pelikane und Trauerschwäne, auf der Insel steht das Museum für asiatische Kunst.

ADAC *Mobil*

Ab Nizza fährt der **Train des Pignes** (Pinienzapfenzug) durch das bergige Hinterland über grandiose Viadukte entlang wilder Schluchten bis nach Dignes-les-Bains. Vor allem im Sommer fährt zeitweise auf der Teilstrecke Puget-Théniers – Annot ein historischer Dampfzug.
Gare des Chemins de Fer de Provence, 4 B, rue Alfred-Binet, www.tourisme.trainprovence.com, Preis je nach Streckenlänge, Dampfzug 20 €, Kinder (4–12 J.) 16 €

■ 405, promenade des Anglais, www.parc-phoenix.org, April–Sept. 9.30–19.30, sonst 9.30–18 Uhr, 5 €, Kinder (bis 12 J.) frei, Museum: Mi–Mo Mai–Mitte Okt. 10–18, sonst 10–17 Uhr, Eintritt frei

Château de Bellet

| Weingut |

Bestes Weingut in Bellet im Stadtgebiet von Nizza, einer der kleinsten, aber auch ältesten Wein-Appellationen Frankreichs. Auf insgesamt 40 ha bauen die Winzer die autochtone Rebsorte Braquet sowie Folle noire und Rolle an.

■ 482, chemin de Saquier, www.chateaudebellet.com, Mai–Sept. 10.30–18.30, Okt.–April 10–12, 14–17.30 Uhr

35 Villefranche-sur-Mer

Beliebte Hafenstadt mit der finsteren mittelalterlichen Rue Obscure

Information

■ Office du tourisme, Jardin François-Binon, 06230 Villefranche-sur-Mer, Tel. 04 93 01 73 68, www.villefranche-sur-mer.com

Die Bucht von Villefranche, umgeben von bewaldeten Hängen, war aufgrund ihrer geschützten Lage zu allen Zeiten Rückzugsgebiet für die Flotten verschiedener Herrscher, nach dem Zweiten Weltkrieg auch Heimathafen der 6. US-Flotte. Heute ist die Reede als Jachthafen beliebt, im Osten schließen sich Sand- und Kieselstrände an.

Sehenswert

Altstadt

| Stadtviertel |

Farbenfrohe Häuser prägen die Promenade am Fischerhafen. Ein Gewirr von Gassen verläuft entlang der Hauptader der Altstadt, der Rue du Poilu. Hier befindet sich auch die Rue Obscure, eine dunkle, vollständig mit Häusern überbaute, 130 m lange Gasse, die 1260 entstand und einst militärischen Zwecken, als Unterstand für Pferde und Esel und als Unterschlupf im Falle von Bombardierungen diente.

Chapelle St-Pierre

| Kapelle |

Das Innere der Kapelle, die in ihren Ursprüngen ins 14. Jh. zurückreicht, wurde von Jean Cocteau, der das kleine Gotteshaus in desolatem Zustand vorfand, renoviert und neu gestaltet. Die Fresken zeigen das Leben von Petrus, dem Schutzheiligen der Fischer, aber auch weltliche Szenen.

■ Quai de l'Amiral Courbet, Mi–Mo, März–Sept. 10–12, 15–19, sonst 10–12, 14–18 Uhr, 3 €, Kinder (bis 15 J.) frei

Citadelle

| Festung und Museen |

1557 auf Befehl des Herzogs von Savoyen zum Schutz der Reede erbaut, ist in der Citadelle heute u.a. das Rathaus, die frühere Kapelle St-Elme mit wechselnden Ausstellungen, ein Open-air-Theater und drei Museen untergebracht: das Musée Volti mit Skulpturen des im 20. Jh. hier lebenden Künstlers Antoniucci Volti, das Musée Goetz-Boumeester, eine Schenkung der 100 Werke umfassenden Kunstsammlung dieses Ehepaars ebenfalls aus dem letzten Jahrhundert, und die Collection Roux mit kleinen Keramikfiguren, die den Alltag im Mittelalter darstellen.

■ www.villefranche-sur-mer.fr, Juni–Sept. Mo–Sa 9.30–18.30, So 14–18.30, sonst 10–12, 14–17.30, So 14–17.30 Uhr, Eintritt frei

Restaurants

€€ | La Grignotière Frische Produkte, riesige Portionen, diverse Couscous-Gerichte. ■ 3, rue du Poilu, Tel. 04 93 76 79 83, Mitte Nov.–März geschl.

36 Beaulieu-sur-Mer und St-Jean-Cap-Ferrat

Viele private Luxusvillen – und zwei der Kunst gewidmete Paläste

Information

■ Office du tourisme, pl. Georges-Clemenceau, 06310 Beaulieu-sur-Mer, Tel. 04 93 01 02 21, www.otbeaulieusurmer.com

■ Office de tourisme, 59, av. Denis-Séméria, 06230 St-Jean-Cap-Ferrat, Tel. 04 93 76 08 90, www.saintjeancapferrat-tourisme.fr

Bereits in früheren Zeiten schätzten Besucher das milde Klima von Beaulieu, geschützt von einer Hügelkette. Auf der 2,5 km langen Promenade Maurice-Rouvier gelangt man entlang des Meers auf die Halbinsel St-Jean-

Cap-Ferrat mit ihren Luxusvillen und dem Palast der Baronin Béatrice Ephrussi de Rothschild.

Sehenswert

Villa Grecque Kérylos

| Sammlung |

Begeistert von griechischer Kultur ließ der Archäologe Théodore Reinach die Villa in antikem Stil erbauen. 1928 vermachte er sie dem Institut de France. Neben antiken Amphoren und Mosaiken enthält das Gebäude Kopien alter Gebrauchsdinge, angefertigt nach entdeckten Illustrationen. Im Untergeschoss stehen Nachbildungen der Venus von Milo und weitere Skulpturen. ■ Imp. Gustave-Eiffel, Beaulieu-sur-Mer, www.villakerylos.fr, Mai–Aug. 10–19, sonst 10–17 Uhr, 11,50 €, Kinder/Jugendl. (unter 26 J.) frei

ADAC *Spartipp*

Bei Besuch der Villa Kérylos sowie der Villa Ephrussi de Rothschild kostet das **Kombi-Ticket** 20 € – man spart also 5,50 €. Der Audioguide ist kostenlos.

Villa Ephrussi de Rothschild

| Museum |

22 *Große Sammlung von Kunstwerken im rosafarbenen Palais*

Mehr als 5000 Kunstwerke sind im rosafarbenen Palais der Baronin Ephrussi ausgestellt: Porzellan aus der königlichen Manufaktur in Sèvres und aus Meissen, Gobelins, Gemälde und kostbare Möbel. Neun thematisch unterschiedliche Gärten umgeben die Villa, im Mittelpunkt der zauberhafte Jardin à la française mit musikalisch untermalten Wasserspielen.

■ 1, av. Ephrussi-de-Rothschild, St-Jean-Cap-Ferrat, www.villa-ephrussi.com, Juli, Aug. 10–19, März–Juni, Sept., Okt. 10–18, sonst 14–18 Uhr, 14 €, Kinder (7–17 J.) 11 €

Pointe St-Hospice

| Aussichtspunkt |

An der östlichen Ausbuchtung des Cap Ferrat führt ein einstündiger Wanderweg entlang der Pointe-St-Hospice, vorbei an einem Turm aus dem 18. Jh., der einst als Gefängnis diente, und einer Kapelle, wo sich ein schöner Blick auf Küste und Hinterland bietet.

Tour du Cap Ferrat

| Leuchtturm |

Von der Plage de Passable führt ein etwa 7 km langer Fußweg entlang der Küste des Cap, vorbei an Buchten und Felsen und inmitten einer Vegetation mit betörend duftenden Kräutern, bis zum begehbaren Leuchtturm an der Südspitze. Das 1732 erbaute Leuchtfeuer, das 1944 zerstört wurde, wurde nach dem Zweiten Weltkrieg in seiner heutigen Form errichtet.

Restaurants

€€ | Capitaine Cook Familiäres Haus, auf der Karte Fisch und Meeresfrüchte. ■ 11, av. Jean-Mermoz, St-Jean-Cap-Ferrat, Tel. 04 93 76 02 66, Do abends, Fr–Di, Mitte Nov.–Ende Dez. geschl.

Kinder

Musée des Coquillages 4000 Muschelarten aus dem Mittelmeer und anderen Ozeanen begeistern die kleinen Besucher. ■ Quai du Vieux Port, St-Jean-Cap-Ferrat, www.saintjeancapferrat.fr, Mo–Fr 10–12, 14–17.45, Sa, So, Ferien 14–18 Uhr, 2 €, Kinder (bis 15 J.) 1 €

Wandern

Plateau St-Michel Nördlich des Boulevard Édouard VII steigt der Wanderweg bis zur Aussichtsplattform steil an. Von hier bietet sich ein großartiges Panorama über Nizza, Cap d'Antibes, Beaulieu und Cap Ferrat. Hin und zurück etwa 2 Std. Fußweg.

37 Èze

Treppauf, treppab geht es durch die auf einem Felsen gelegene Altstadt

Information

■ Office municipal du tourisme, pl. du Général-de-Gaulle, 06360 Èze, Tel. 04 93 41 26 00, www.eze-tourisme.com

Malerisch auf einem 430 m hohen Felsen gelegen hat sich das autofreie Èze-Village mit seinen Kunsthandwerksläden mittlerweile voll auf Besucher eingestellt. Schöne Strände für entspannte Badetage bietet der unten gelegene Ortsteil Èze-Bord-de-Mer.

Sehenswert

Altstadt

| Stadtteil |

Hübsch restaurierte Häuser und enge Gassen mit Treppen und Gewölben, geschmückt mit Blumen und Grünpflanzen, prägen den mittelalterlichen Ort. Die Kirche mit ihrem barocken Inneren und die Kapelle der »Weißen Büßer« lohnen ebenso den Besuch wie der exotische Garten mit seinen fleischigen Pflanzen und Kakteen, Skulpturen und kleinen Kaskaden.

■ Jardin d'Èze: rue du Château, www.jardinexotique-eze.fr, Juli–Sept. 9–20, April–Juni 9–19, sonst 9–17 Uhr, 6 €, Kinder 3,50 €, unter 12 J. frei

Sentier Friedrich-Nietzsche

| Wanderweg |

In Èze schrieb der Philosoph Friedrich Nietzsche Teile seines Werks »Also sprach Zarathustra«. Ihm zu Ehren ist ein Spazierweg benannt, der zwischen Pinien und Olivenbäumen vom hoch gelegenen Dorf an die Küste, zu Stränden und zum Bahnhof führt.

■ 45 Min. hinab, 1,5 Std. hinauf (oder mit der Buslinie 83)

Restaurants

€ | Le Nid d'Aigle Der »Adlerhorst«, mit Terrassen über mehrere Etagen, bietet einfache, frische Speisen und einen Blick über die Dächer von Èze. ■ 1, rue du Château, Tel. 04 93 41 19 08, www.leniddaigle-eze.com, Juli, Aug. tgl. mittags und abends, sonst So–Fr 9–17 Uhr

Traumblicke aufs Meer eröffnen sich vom mittelalterlichen Örtchen Èze

38 Monaco

Zwischen Operettenstaat und profitablem Unternehmen

Blick von Monacos Felsen auf die Hochhauslandschaft in Monte-Carlo

Information

- Office du tourisme et des congrès de Monaco, bd. des Moulins 2 A, 98030 Principauté de Monaco, Tel. 00377/ 92 16 61 66, www.visitmonaco.com
- Parken siehe S. 103

Gerade einmal 2,03 km² umfasst die Fläche des Fürstentums Monaco, das seit 1297 von der Grimaldi-Dynastie regiert wird. Mitte des 19. Jh., als in Frankreich und Italien Glücksspiel verboten war, lockte der Bau des Spielcasinos Reiche aus aller Welt an. Die Einnahmen ermöglichten den Anschluss ans Eisenbahnnetz und den Bau der Küstenstraße. Heute sind Immobilien und Fremdenverkehr die Haupteinnahmequellen. Geblieben ist die Attraktivität Monacos für Superreiche, doch der fürstliche Palast, die Gärten und das Meeresmuseum lohnen auch für Normalverdiener den Besuch.

Sehenswert

1 Jardin Japonais

| Japanischer Garten |

Der japanische Garten wurde auf Wunsch von Fürstin Gracia durch den japanischen Landschaftsarchitekten Yasuo Beppu angelegt, der bei der Gestaltung schintoistische Prinzipien

Plan S. 102

verwirklichte. Der Zen-Garten mit Wasserbecken, Wasserfall und Teehaus soll zur Meditation anregen.

■ Bd. Louis II, April–Okt. 9–19, Nov–März 9–18 Uhr, Eintritt frei

2 L'Opéra et Casino de Monte Carlo

| Oper und Spielkasino |

23 *Prächtiges Haus, das Kasino und Oper unter einem Dach vereint*

Sein jetziges Aussehen verdankt der Gebäudekomplex dem Architekten Charles Garnier, der auch die Pariser Oper entwarf und 1878 die aktuelle Fassade des Kasinos und im Innern das Opernhaus mit nur 524 Plätzen schuf. Vor dem Gebäude befindet sich die palmenbestandene Terrasse, von hier geht der Blick auf die anrollenden Karossen und aufs Meer.

■ Kasino: www.casinomontecarlo.com, Besichtigung 9–12 Uhr, 10 €, Spielbetrieb ab 14 Uhr, open end, Oper: www.opera.mc

3 Jardin Exotique

| Exotischer Garten mit Kalksteinhöhle |

Im exotischen Garten gedeihen Kakteen und artverwandte Pflanzen, etwa 900 Spezies, die man aus Mexiko oder Südafrika einführte. Von hier aus führt eine Treppe in die Grotte de l'Observatoire, eine unterirdische Höhle, deren Säle voll mit einem Wald aus Stalagmiten und Stalaktiten sind.

■ 52, bd. du Jardin-Exotique, www.jardin-exotique.mc, Eintritt frei, Grotte de l'Observatoire: Mai–Sept. 9–19, Okt. 9–18 Uhr, sonst auf Anfrage, 7,20 €, Kinder 3,80 € (inkl. vorgeschichtlichem Museum, S. 101)

4 Musée d'Anthropologie Préhistorique

| Vorgeschichtliches Museum |

Das 1902 von Fürst Albert I. gegründete Museum dokumentiert die einstigen (tierischen) Bewohner der Region, die je nach Klimaveränderungen wechselten und von Höhlenbären über Polarfüchse und Flusspferde bis hin zu Mammuts reichen. Außerdem finden sich verschiedene Skelette des Homo sapiens ausgestellt.

■ Zugang durch den exotischen Garten, www.map-mc.org, tgl. 9–19 Uhr, Eintritt s. Jardin Exotique

ADAC *Mobil*

Acht große **Aufzüge** überwinden die Höhenunterschiede in Monaco und ersparen das Treppensteigen, etwa vom Hafen-Boulevard Louis-II zu den Terrassen des Kasinos.

5 Collection des Voitures Anciennes

| Oldtimer-Sammlung |

Fürst Rainier III war ein Autofan. So förderte er den Formel 1 Grand Prix von Monaco und die Rallye Monte-Carlo, außerdem errichtete er die Oldtimer-Sammlung im Stadtbezirk Fontvieille. Etwa 100 luxuriöse Autos sind hier zu sehen, das älteste stammt aus dem Jahr 1903, auch das Hochzeitsgeschenk von 1956, ein Rolls Royce Silver Shadow, fehlt nicht.

■ Terrasses de Fontvieille, www.palais.mc, tgl. 10–18 Uhr, 6 €, Kinder (6–16 J.) 3 €

6 Palais Princier

| Fürstenpalast |

Der farbenprächtig ausgestattete Palast war ursprünglich eine genuesische Festung aus dem 13. Jh. und wurde danach mehrfach erweitert. Sehenswert sind besonders die alten

Fresken, die Möbel, das Deckengemälde von Orazio Ferrari im Thronsaal und die gewaltige Marmortreppe, die vom Hof in die Grandes Appartements führt. Der Palast ist der offizielle Sitz der fürstlichen Familie, aber teilweise einige Monate im Jahr zu besichtigen. Vom Palastplatz mit seinen Kanonen reicht der Blick über den Hafen und bis nach Italien. Jeden Tag findet hier um fünf Minuten vor zwölf der Wachwechsel der fürstlichen Garde statt.

■ www.palais.mc, Besuchszeiten auf Anfrage, 8 €, Kinder (6–16 J.) 4 €

7 Cathédrale Notre-Dame-Immaculée

| Kathedrale |

Zwischen 1874 und 1911 erbaut, sind vor allem die Werke der Gruppe der »primitifs niçois« sehenswert, so etwa der Altaraufsatz von Louis Brea. In der Kathedrale befinden sich die Grabstätten fast aller Grimaldi-Fürsten. Hier heirateten auch Rainier III und Gracia Patricia.

■ 4, rue Colonel Bellando de Castro

8 Musée Océanographique

| Ozean- Museum |

9

Riesige Aquarien mit großen und kleinen Meeresbewohnern

In einer Parkanlage nahe dem Fürstenpalast befindet sich das Ozeanografische Museum mit etwa 100 Bassins und mehr als 6000 unterschiedlichen Meerestieren, 1910 durch Fürst Albert I. gegründet. Hier sieht man Haie, riesige Rochen und Muränen, aber auch kleinere Spezies wie Clownfische, Quallen oder Schildkröten. Kinder lieben besonders die Zeiten der Fütterungen.

■ Av. St-Martin, www.oceano.org, Juli, Aug. 10–20.30, April–Juni, Sept. 10–19, sonst 10–18 Uhr, Sa, So des Formel-1-Rennens geschl., 14 €, Kinder (4–12 J.) 7 €

P Parken

Parkplätze findet man z.B. in der Nähe des Ozeanographischen Museums und des Fürstenpalasts der Parkplatz im Chemin des pêcheurs (2 €/75 Min.).

Verkehrsmittel

In Monaco sollte man zu Fuß oder mit dem Bus auf Entdeckungstour gehen. Die Zufahrt zum Felsen ist nur Einheimischen gestattet. Bus-Tickets sind am Automaten billiger als im Bus (1 Fahrt 1,50 €, Tagesticket 5,50 €).

Restaurants

€€ | **Loga** Regionale und italienische Küche, familiäre Atmosphäre. ■ 25, bd. des Moulins, Tel. 00377/93 30 87 72, www.leloga.com, Mo–Mi mittags, Do–Sa, zweite Augusthälfte geschl., Plan S. 102 d1

39 Roquebrune-Cap-Martin

Weite Sandstrände und in der Oberstadt ein Gewirr aus engen Gassen

i Information

■ Office du tourisme, 218, av. Aristide-Briand, 06190 Roquebrune-Cap-Martin, Tel. 04 93 35 62 87, www.roquebrune-cap-martin.com

Der lange Strand, von prächtigen Villen aus der Belle Époque gesäumt, wird überragt vom älteren Teil des Orts, dem Bergdorf mit Château und riesigem Wehrturm, das sich mit engen Gassen und überwölbten Durchgängen seinen mittelalterlichen Charakter bewahrt hat.

Bergdorf (Oberstadt)

| Stadtviertel |

Verwinkelte Gassen und steile Treppen prägen die Oberstadt in 225 m Höhe. Eindrucksvoll ist die komplett aus den Steinen herausgeschlagene mittelalterliche Rue Moncollet. Ursprünglich im 10. Jh. als Schutz gegen die Sarazenen gebaut, gehörte das Château von Roquebrune lange Zeit den Grimaldis, bis das monegassische Fürstentum 1861 die Stadt ebenso wie das benachbarte Menton an Frankreich abgab. Der mächtige Wehrturm, der Donjon, misst 26 m und besitzt bis zu 4 m dicke Mauern. Von der oberen Plattform geht der Blick über die Dächer der Stadt, Monaco und das Meer. Auf dem Weg Richtung Menton steht ein weit mehr als tausend Jahre alter Olivenbaum.

Cap Martin

| Stadtteil |

Die Halbinsel wird von herrschaftlichen Villen, umgeben von üppiger Vegetation, und dem weithin sichtbaren Signalturm beherrscht. Vom Ostufer des Cap reicht der Blick bis zur italienischen Küste. Das Cap säumen mehrere Sandstrände, etwa der von Carnolès, der sich bis Menton erstreckt.

Cabanon Le Corbusier und Villa E-1027

| Architektur |

Cabanon nannte der berühmte Architekt Le Corbusier sein kleines Ferienhaus am Cap Martin, wo er stets den Sommer verbrachte und 1965 beim Tauchen verunglückte. Am Cap befindet sich auch die Villa der irischen Designerin Eileen Gray mit ihren Werken.

■ Vom Parkplatz an der Avenue Winston-Churchill führt der Fußweg auf der Promenade Le Corbusier, www.capmoderne.com, Führung nach Voranmeldung, Juli, Aug. Di–So 10 und 15 Uhr, sonst 14 Uhr, 15 €, Kinder 10 €

Restaurants

€€ | **La Roquebrunoise** Ländlicher Stil, gute Küche, schöner Blick von der Terrasse auf Schloss und Meer. ■ Av. Raymond-Poincaré (im alten Stadtteil), Tel. 04 93 35 02 19, www.laroquebrunoise.com, Mo–Fr abends, Sa, So mittags und abends, Ende Nov.–Mitte Feb. geschl.

Wandern

Sentier touristique Vom Cap Martin führt ein 6 km langer Fußweg bis Monte-Carlo Beach durch eine wilde mediterrane Landschaft, stets mit tollen Blicken auf Meer, nostalgische Villen und die Silhouette von Monaco.

ADAC *Wussten Sie schon?*

Um Meeresfauna und -flora zu erhalten und das Seegras unter Wasser als Heimat vieler Meerestiere zu bewahren, gehört Roquebrune-Cap-Martin zu den besonders geschützten Zonen der Côte d'Azur. Hier sind Ankern, Tauchen und Fischen streng verboten.

40 Menton

Eine Stadt, ganz im Zeichen der Zitronen und ihrer wunderschönen Gärten

Information

■ Office de tourisme, 8, av. Boyer, 06500 Menton, Tel. 04 92 41 76 76, www.tourisme-menton.fr

Spektakulär ist bereits die Architektur, die das Musée Jean-Cocteau in Menton birgt

Die Stadt liegt direkt an der italienischen Grenze und gehört erst seit 1861 zu Frankreich. Der italienische Einfluss ist überall zu sehen und auch zu hören. Die englische Königin Victoria, die letzte französische Kaiserin Eugénie und ebenso eine ganze Reihe von Künstlern wie Auguste Rodin und Jean Cocteau waren komplett dem Charme der Stadt verfallen. Als besonderes Highlight von Menton gelten seine prachtvollen Gärten, liebevoll angelegt von den überwinternden Engländern, die hier die milden Temperaturen zu schätzen wussten.

Rue Michel

| Fußgängerzone |

Die Hauptstraße des alten Menton führt an sehenswerten, in Pastellfarben gestrichenen Häusern vorbei, in denen diverse Süßigkeiten- und Eisläden zur Einkehr verführen. Sie passiert drei kleine Plätze, an denen viele Restaurants den italienischen Charakter von Menton deutlich machen.

Parvis St-Michel

| Platz |

Am Boden dieses Kirchenvorplatzes ist, mit Kieselsteinen dargestellt, das Wappen der Grimaldi zu sehen. Es zeigt zwei Mönche, mit Schwert und Schild bewaffnet. Von hier aus betritt man sowohl die von einem 53 m hohen, frei stehenden Glockenturm überragte Basilika St-Michel-Archange – die größte und wohl auch schönste Barockkirche der Region– als auch die Kapelle der »Weißen Büßer«.

Promenade du Soleil

| Flanierweg |

24 *Promenade entlang des Meeres mit herrlichem Panorama*

Die 2 km lange, von Palmen gesäumte Flaniermeile führt entlang des Meeres mit seinem Kieselstrand. Auf der anderen Seite geht der Blick auf die Seealpen, die im Hintergrund aufragen. Am Rand der Promenade reihen sich viele nette Cafés und Restaurants. Am östlichen Ende liegen der Alte Hafen mit Fischerbooten und Jachten sowie die Cocteau-Museen.

Musées Jean-Cocteau

| Museen |

Dem Maler sind gleich zwei Museen gewidmet. Die von Cocteau selbst umgestaltete kleine Festung mit vier Türmchen stammt aus dem 17. Jh. und birgt das 1963 eröffnete Musée du Bastion, das u.a. Cocteaus Pastell-Serie »Les Innamoratis« zeigt. Das zweite, 2011 eröffnete Musée Jean-Cocteau – Collection Séverin Wunderman umfasst die Schenkung des amerikanischen Sammlers Wunderman, zu der neben Werken von Cocteau auch einige Gemälde von Picasso, Modigliani, Miró und anderen gehören.

■ Musée du Bastion: quai Napoléon-III, www.museecocteaumenton.fr, Mi–Mo 10–18 Uhr, 10 €, Kinder (bis 18 J.) frei, Musée Jean-Cocteau: 2, quai de Monléon, www.museecocteaumenton.fr, Mi–Mo 10–18 Uhr, 10 €, Kinder (bis 18 J.) frei

Musée des Beaux-Arts (Palais Carnolès)

| Museum |

Im Palais Carnolès, der früheren Sommerresidenz der Fürsten von Monaco, wird eine ständige Ausstellung moderner und zeitgenössischer Kunst gezeigt. Im Garten des weitläufigen Anwesens lassen sich unter Zitrusbäumen und entlang der Alleen moderne Skulpturen entdecken.

■ 3, av. de la Madone, Tel. 04 93 35 49 71, derzeit wg. Renovierung geschl.

Kinder

Musée de Préhistoire régionale Im Erdgeschoss des Museums werden auf interaktiven Tafeln und im Kinosaal die Etappen der Vorgeschichte gezeigt. Das Obergeschoss zeigt jüngere Alltagsgeschichte, anschaulich gemacht mit nachgebauten Zimmern und Arbeitsinstrumenten der Fischer, Zitronen- und Olivenbauern. ■ Rue Lorédan-Larchey, www.menton.fr, Mi–Mo 10–12, 14–18 Uhr, 3 €, Kinder frei

Restaurants

€€ | La Cantinella Muscheln, Loup de mer und andere Meerestiere werden hier schmackhaft zubereitet, herzlicher, sizilianischer Chef. ■ 8, rue Trenca, Tel. 04 93 41 34 20, Di–So mittags

€€ | Trattoria La Mamma Gute italienische Küche, Pasta und diverse Fischgerichte. ■ 1, rue de la Marne, Tel. 04 93 78 72 09, Mi–Mo

Einkaufen

L'Arche des Confitures Hier gibt es leckere Zitronenkonfitüre und viele weitere hausgemachte Konfitüren, Senf, Essig und Honig. ■ 2, rue du Vieux-Collège, www.confitures-herbin.com

Events

Fête du Citron Rund um Faschingsdienstag, dem Mardi gras, dreht sich in der Stadt Menton drei Wochen lang alles um die Zitrone. Riesige, bis zu 10 m hohe Skulpturen aus Zitrusfrüchten stehen im Jardin Biovès, abends zeitweise faszinierend beleuchtet. Der Anbau von Zitronen, die sich durch außergewöhnliche Qualität auszeichnen, war im 19. Jh. Haupteinnahmequelle der Stadt. Karten für das Fest sollte man bereits ein Vierteljahr im Voraus ordern. Online-Bestellungen unter ■ www.fete-du-citron.com

Im Blickpunkt

Die Gärten von Menton

Mit seinem milden Klima entwickelte sich Menton zur Spielwiese vor allem englischer Gartenfantasien. In den ersten Jahrzehnten des 19. Jh. zog es viele Briten zum Überwintern in den kleinen Ort an der italienischen Grenze, die hier ihrer Gartenleidenschaft frönten und botanische Wunderwerke schufen. Zu den sehenswerten Gärten gehören:

Jardin Serre de la Madone (74, val-de-Gorbio, www.serredelamadone.com, April–Okt. Di–So 10–18, sonst 10–17 Uhr, 8 €, Kinder 4 €): Der Brite Lawrence Johnston schuf diesen in Terrassen angelegten Garten, für den er aus subtropischen Regionen rund um die Welt seltene Pflanzen sammelte. Nach dem Zweiten Weltkrieg drohte er zu verwahrlosen, bis das Küstenschutz-Konservatorium 1999 seine Pflege übernahm.

Jardin du Val Rameh (Chemin de St-Jacques, Mai–Aug. Mi–Mo 10–12.30, 15.30–18.30, sonst 10–12.30, 14–17 Uhr, 6,50 €, Kinder 5 €): Der von Percy Radcliff 1905 angelegte Garten birgt 700 Pflanzenarten aus fremden Kontinenten, ein Becken mit Lotus und Seerosen sowie eines der seltenen Exemplare des Sophora toromino, des mythischen Baums von den Osterinseln.

Jardin Fontana-Rosa (Av. Blasco-Ibanez, www.menton.fr, Führung Mo, Fr 10 Uhr, 6 €, Kinder frei) Mit diesem Garten schuf sich der spanische Schriftsteller Vicente Blasco-Ibáñez, der in Frankreich im Exil lebte, einen Hort der Ruhe mit bunten Keramiken und Büsten von Vicentes Lieblings-Schriftstellern.

Jardin de Maria-Serena (21, promenade Reine-Astrid, Führung Di 10, Fr 14.30 Uhr, 6 €, Kinder frei): Der angeblich von Charles Garnier, dem Architekten der Pariser Oper, angelegte Garten gilt als der mit den wärmsten Temperaturen ganz Frankreichs, was ihm den Namen »Klein-Afrika« eingebracht hat. Zu sehen sind Palmen, Palmfarne und tropische Pflanzen.

Übernachten

An der französischen Riviera ein einigermaßen preiswertes Hotel zu finden ist nicht ganz einfach. Häufig ist es ratsam, etwas abseits der Küste nach einer Unterkunft zu suchen. Eine gute Alternative sind private Gästezimmer. In jedem Fall gilt es, sehr frühzeitig zu buchen.

Nizza 88

€ | **Hôtel Au Picardy** Kleines, familiäres Hotel auf der Promenade du Paillon, funktionale, schallisolierte Zimmer, großer Garten. ■ 10, bd. Jean-Jaurès, 06300 Nizza, Tel. 04 93 85 75 51, www.hotelaupicardy.fr

€–€€ | **Villa Saint-Hubert** Schönes Haus im Viertel Libération mit blauen Fensterläden, freundlich eingerichtete Zimmer, ruhiger Garten mit Palmen und Zitronenbäumen. ■ 26, rue Michel-Ange, 06100 Nizza, Tel. 04 93 84 66 51, www.villasainthubert.com

€€ | **Villa Éden** Schöne weiße Villa, tolle Lage, charmante, komfortable Zimmer, Garten mit Zitronen- und Bananenbäumen ■ 99bis, promenade des Anglais, 06200 Nizza, Tel. 04 93 86 53 70, www.hotel-villaeden.com

€€–€€€ | **Nice Garden Hotel** Kleines, zentral gelegenes Haus, im Innern modern und very British, schöner Garten mit Rosen und Jasmin. ■ 11, rue du Congrès, 06000 Nizza, Tel. 04 93 87 35 62, www.nicegardenhotel.com

€€–€€€ | **Hôtel Régence** Großes Hotel in der Fußgängerzone, geschmackvoll eingerichtete Zimmer, alles in provenzalischen Farben. ■ 21, rue Masséna, 06000 Nizza, Tel. 04 93 87 75 08, www.hotelregence.com

€€–€€€ | **Chambre d'hôte Castel Enchanté** Hübsches Haus aus dem 19. Jh., ruhige Hanglage im Grünen, große Terrasse, geräumige, stilvoll eingerichtete Zimmer. ■ 61, route St-Pierre-de-Féric, 06000 Nizza, Tel. 04 93 97 02 08, www.castel-enchante.com

Villefranche-sur-Mer 96

€–€€€ | **Hôtel Patricia** Zwar an der Bahnlinie, aber nur fünf Minuten vom Strand gelegen, kleine, geschmackvoll eingerichtete Zimmer, die oberen mit Blick aufs Meer. ■ Av. de l'Ange-Gardien, 06230 Villefranche-sur-Mer, Tel. 04 93 01 06 70, www.hotel-patricia.riviera.fr

€€–€€€ | **Hôtel St-Michel** Oberhalb der Stadt in ruhiger Lage, große, komfortable Zimmer, Garten, Boule-Platz, Pool. ■ 2000, av. Olivula, 06230 Villefranche-sur-Mer, Tel. 04 93 01 80 42, www.hotel-saint-michel.com

Beaulieu und Cap Ferrat 97

€–€€€ | **Hôtel Riviera** Liebenswertes Hotel in einer ruhigen Straße, zehn Minuten vom Strand, geschmackvoll dekorierte Zimmer. ■ 6, rue Paul-Doumer, 06310 Beaulieu-sur-Mer, Tel. 04 93 01 04 92, www.hotel-riviera.fr

€–€€ | **Hôtel Le Sélect** Schönes altes Haus im Herzen der Stadt, moderne Zimmer. ■ 1, rue André-Cane, 06310 Beaulieu-sur-Mer, Tel. 04 93 01 05 42, www.hotelselect-beaulieu.com

€€ | Hôtel Marcellin Gebäude mit rosa Fassade im Zentrum von Beaulieu, charmant dekorierte, komfortable Zimmer. ■ 18, av. Albert I., 06310 Beaulieu-sur-Mer, Tel. 04 93 01 01 69, www.hotel-marcellin.com

Èze 99

€€€ | Hermitage Art Hotel Hoch oben auf dem Felsen über der Stadt Èze, meist nicht allzu große, aber geschmackvoll eingerichtete Zimmer. ■ 1951, av. des Diables Bleus, 06360 Èze, Tel. 04 93 41 00 68, www.ezehermitage.com

Monaco 100

€ | Elsa Bed & Breakfast mit nur einem Zimmer in einer Villa, nett eingerichtet, etwa 10 Min. zum Hafen und Kasino. ■ Bd. du Jardin Exotique, 98000 Monaco, Tel. 00 377/617 05 59 51, www.bedandbreakfast.eu/monaco/elsa

€€€ | Hôtel de France Nahe am Hafen, im Stadtbezirk Condamine, sehr kleine, aber komfortable und schön gestaltete Zimmer. ■ 6, rue de la Turbie, 98000 Monaco, Tel. 00 377/93 30 24 64, www.hoteldefrance.mc/fr

Roquebrune-Cap-Martin 103

€€ | Hôtel Reine d'Azur Am Meer gelegen, zeitgemäße Zimmer mit Balkon, Blick entweder zum Meer oder zum Garten. ■ 29, promenade du Cap, 06190 Roquebrune-Cap-Martin, Tel. 04 93 35 76 84, www.hotelreinedazur.com

€€–€€€ | Hôtel Alexandra Typischer Badeortstil der 1970er-Jahre, Zimmer mit Balkon, teils mit Meerblick, Garten, Sonnenterrasse. ■ 93, av. W. Churchill, 06190 Roquebrune-Cap-Martin, Tel. 04 93 35 65 45, www.alexandrahotel.fr

Menton 104

€€–€€€ | Palm Garavan Direkt am Meer gelegen, modernes Hotel mit hellen Zimmern, nahe der Altstadt. ■ 3, porte de France, 06500 Menton, Tel. 04 93 78 80 67, www.hotel-menton-garavan.fr

€€–€€€ | Hôtel de Londres Nicht weit vom Meer, schallisolierte Zimmer im rustikalen oder modernen Stil. ■ 15, av. Carnot, 06500 Menton, Tel. 04 93 35 74 62, www.hotel-de-londres.com

€€–€€€ | Prince de Galles Ehemalige Kaserne der Carabinieri der Fürsten von Monaco, gegenüber vom Strand, helle moderne Zimmer. ■ 4, av. Général-de-Gaulle, 06500 Menton, Tel. 04 93 28 21 21, www.bestwestern.fr/hotel-menton.prince-de-galles

€€–€€€ | Princess et Richmond Am Strand gelegen, komfortable Zimmer, teils mit Meerblick, Solarium und Jacuzzi auf der Dachterrasse. ■ 617, promenade du Soleil, 06500 Menton, Tel. 04 93 35 80 20, www.princess-richmond.com

Menton liegt fast an der Grenze zu Italien und ist das Tor zur Côte d'Azur

Die Seealpen – das Hinterland von Nizza

Es muss nicht immer Strand sein – abseits der Küste zeigt sich die Region der Côte d'Azur von ihrer grünen Seite

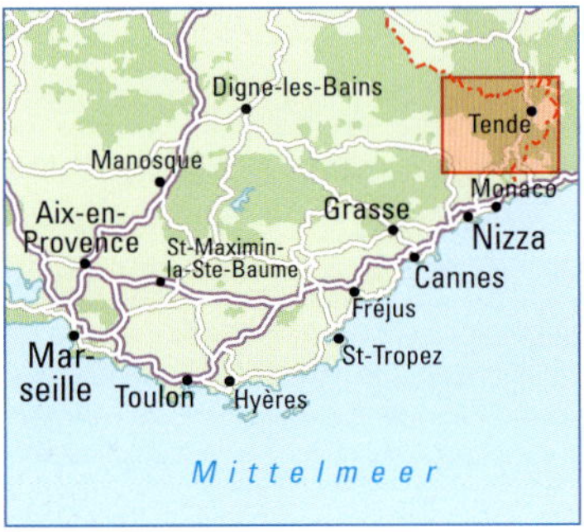

Peillon – um einen sehr attraktiven, den meisten Reisenden aber völlig unbekannten kleinen Ort zu nennen – liegt gerade einmal 21 km nordöstlich von Nizza. Ein Katzensprung. Und doch befindet man sich hier, wo das Arrière-pays niçois beginnt, bereits in einer ganz anderen Welt. Das Dorf ist sinnbildlich für das Hinterland der Großstadt, die Alpen von Nizza, wie Einheimische es nennen, wie ein Adlerhorst auf einem steilen Felsen gelegen, wie so mancher Ort, der sich in dieser Region nahe der Grenze zu Italien befindet. Städte sucht man hier vergebens, die Dörfer ducken sich in die Täler oder erheben sich auf luftigen Höhen. Von der tiefen Religiosität der Bewohner zeugen die zahllosen kleinen Kapellen und Kirchen, von denen die Orte nicht selten mehrere besitzen. Die Maler der Kunstrichtung »primitifs niçois«, die im 15. und 16. Jh. tätig waren, fanden hier ihre Motive.

Auch wenn Olivenhaine und Ölmühlen einen der Hauptzweige der heimischen Wirtschaft deutlich machen und in den Tälern selbst Wein angebaut wird, lebt die Region vor allem von Viehzucht und natürlich von den Besuchern, die Freude haben an der ungebändigten Natur. Saubere Flüsse mit tiefen Schluchten und Wasserfällen, Hochebenen mit reichhaltiger Pflanzenwelt und Tieren wie Hermelin, Hase und Murmeltier machen Wandern und Radfahren zum aufregenden Erlebnisurlaub. Am Himmel kreisen die Bartgeier, in höheren Lagen trifft man auf Steinböcke, und auch Wölfe haben sich hier wieder angesiedelt. Der Parc national du Mercantour wurde 1979 eingerichtet und ist damit der jüngste der französischen Nationalparks. Hier geht es deutlich bergauf: Von 500 m Höhe erheben sich die Berge auf mehr als 3000 m – der Cime du Gélas ist der höchste südliche Alpengipfel Frankreichs. Und mit dem Lac d'Allos weist der Park auch den größten alpinen See in solcher Höhe auf. Während an der Küste Schnee zu den absoluten Ausnahmen zählt, gibt es hier mit Auron und Isola 2000 große Wintersportgebiete, die mit langen Abfahrtspisten aufwarten können. Für Langläufer bieten Tende-Castérino und Le Boréon-St-Martin-Vésubie eine große Auswahl an Loipen.

In diesem Kapitel:

ADAC Top Tipps:

10 **Vallée des Merveilles**
| Landschaft |
Das »Tal der Wunder« im Herzen des Nationalparks Mercantour ist berühmt für seine fantastische Landschaft, seine Seen und Berge ringsum, und für die Unmengen an Felsgravuren, die die Menschen aus der Bronzezeit dort hinterließen. 120

ADAC Empfehlungen:

25 **Vallée de la Vésubie**
| Schlucht |
Spektakulär ist die wilde Landschaft mit engen, gewundenen Schluchten, die steil zum Flussbett der Vésubie hin abfallen. 112

Zur Erkundung des Vallée de la Vésubie sollte man einen Wandertag einlegen

41 Vallée de la Vésubie

25 *Wilde Landschaft mit engen, gewundenen Schluchten*

Information

■ Office de tourisme de St-Martin-Vésubie, pl. du Général-de-Gaulle, 06450 St-Martin-Vésubie, Tel. 04 93 03 21 28, www.saintmartinvesubie.fr

Die Vésubie durchfließt ganz unterschiedliche Landschaften. Der wohl spektakulärste Abschnitt ist der untere, bevor der Fluss in den Var mündet. Hier hat sich die aus dem Gebirge kommende Vésubie ein tiefes Bett gegraben, mit steil aufragenden Felsen zu beiden Seiten. Dem steht der Var mit seiner Felsenschlucht Défilé du Chaudan kaum nach. Vorbei an Utelle mit seiner Madonna und dem Aussichtpunkt Saut des Français, wo während der Koalitionskriege französische Soldaten die Schlucht hinuntergestoßen wurden, geht es flussaufwärts zum Mittellauf des Flusses bei Lantosque, wo Terrassen mit Weinreben und Olivenbäumen vorherrschen. Am Oberlauf schließlich, mit dem Ort St-Martin-Vésubie im Zentrum, werden Landschaft und Klima deutlich alpiner, Tannenwälder und hohe Gipfel dominieren die sog. »Schweiz von Nizza«.

Sehenswert

Église de Bonson

| Kirche |

Die kleine Kirche enthält drei Werke der »primitifs niçois«, die die Furcht der Bevölkerung vor Epidemien und Krieg darstellen. Zu erkennen ist etwa die hl. Gertrud, die zur Hilfe gegen die Pest angerufen wurde und auf der Ratten herumkriechen, sowie andere Heilige, mit Schwertern bewaffnet oder von Pfeilen durchbohrt. Von der Terrasse hat man einen ausgezeichneten Blick.

■ Falls geschl., Schlüssel im Rathaus

Gorges de la Vésubie

| Schlucht |

Die D 2565 windet sich in zahlreichen Kehren entlang der Schlucht der Vésubie. Steil und abrupt ragen die Felsen hier auf, deren Wände in unterschiedlichen Farben changieren. Einen besonders schönen Blick bietet der Aussichtspunkt Saut des Français in 240 m Höhe kurz hinter der Ortschaft Duranus. Von dem darüber liegenden Felsen stießen die »Barbets«, Freischärler im Dienste der Grafschaft Nizza, im Jahr 1793 Soldaten der jungen französischen Republik in die Tiefe.

Utelle

| Bergdorf |

Auf einer Anhöhe zwischen den Flüssen Vésubie und Tinée gelegen, war Utelle einst ein strategisch wichtiger Ort, heute noch zu sehen an den Befestigungsanlagen. Beim Bummel in den engen Gassen entdeckt man einige schöne, mit Trompe-l'œil (illusionistischer Malerei) bemalte Fassaden. Die Kirche St-Véran aus dem 14. Jh., die im 17. Jh. erneuert wurde, birgt kunstvoll gefertigte Holzskulpturen, etwa am Altaraufsatz mit Szenen aus der Passionsgeschichte.

Madonna von Utelle

| Pilgerort |

Die heilige Stätte Notre-Dame-des-Miracles steht auf einem Plateau in 1180 m Höhe und wurde im Jahr 850 von spanischen Seeleuten aus Dank für ihre Rettung aus Seenot errichtet. Aufgrund von Erzählungen über wundersame Heilungen ist der Ort Ziel von Wallfahrten. Das schlichte Gebäude enthält im Innern Votivbilder von dankbaren Gläubigen, die Sterne in der Krone der Madonna wurden aus Fossilien von Meerestieren gefertigt, die man hier gefunden hatte.

Vallon de la Gordelasque

| Flusslandschaft |

Vom hübschen kleinen Ort Belvédère an der Mündung der Gordelasque in die Vésubie führt die D 171 vorbei am Gipfel Cime du Diable und durch das Tal der Gordelasque mit einer Vielzahl an Wasserfällen. Besonders eindrucksvoll stürzt die Cascade du Ray zu Tal. Nur nach einem rund einstündigen Fußmarsch – das Auto bleibt auf dem Parkplatz an der Brücke von Countet – erreicht man die sehr sehenswerte Cascade de l'Estrech an einem Gebirgskessel, umgeben von hohen, meist schneebedeckten Bergen.

ADAC *Mobil*

Vom Col St-Martin verläuft eine Straße zu einem **Sessellift**, der auf den 1800 m hohen Pic de La Colmiane führt. In den wärmeren Monaten wird hier Seilrutschen (»tyrolienne«) und Sommerrodeln angeboten, im Winter sind die Skipisten in Betrieb.
Valdeblore, www.colmiane.com, 4 €, Kinder (5–12 J.) 3,40 €

St-Martin-Vésubie

| Bergdorf |

Zwischen Wäldern und Bergen liegt dieses mittelalterliche Dorf, Ausgangspunkt für Ausflüge in die nähere Umgebung. In Venanson bietet die Chapelle St-Sébastien sehenswerte Fresken, während im 1500 m hoch gelegenen Le Boréon ein Wasserfall zu bewundern ist, der sich über 40 m in eine enge Schlucht stürzt. Das Tal der Madone de Fenestre bietet einen bei

Bergsteigern sehr beliebten Gebirgskessel, die Kapelle mit der Madonna wiederum ist Ziel von Pilgern.

Restaurants

€€ | Le Mas Fleuri Traditionelle Küche der Region, Nachspeisen vom französischen Dessert-Meister. ■ 1174, route de la Roquette, Levens, Tel. 04 93 79 70 35, www.masfleuri.com, Fr, Sa mittags und abends, So mittags, Mitte Okt.–Mitte Nov., Feb. geschl.

€€ | La Treille Klassische, schmackhafte französische Küche ■ 68, rue Dr Cagnoli, St-Martin-Vésubie, Tel. 04 93 03 30 85, Juli, Aug. Di–So, sonst Do–Mo, Di mittags

Kinder

Parc Alpha Hier gibt es halb wild lebende Wolfsrudel, die man bei der Fütterung beobachten kann. ■ Chalet d'Accueil du Boréon, www.alpha-loup.com, Juli, Aug. tgl. 10–18, April–Juni, Sept.–Anf. Nov. 10–17 Uhr, sonst auf Anfrage, 12 €, Kinder (4–12 J.) 10 €

Sport

Hier kann man Bergführer für Trekking im Sommer oder Skiwandern im Winter anheuern. ■ Pl. du Marché, St-Martin-Vésubie, www.guidescapade.com

42 Forêt de Turini

Eine faszinierende Waldlandschaft für Wanderer, Radler – und Rallyefahrer

Information

■ Office de tourisme, pl. du Gén.-de-Gaulle, 06450 La Bollène-Vésubie, Tel. 04 93 03 60 54, www.labollenevesubie.com

Das Gebiet zwischen den Tälern der Vésubie und der Bévéra bietet den Küstenbewohnern und ihren Besuchern klimatisch eine wohltuende Erfrischung. Statt der Pinien an der Côte herrschen hier Buchen, Ahorn und Kastanien vor. Hinzu kommen Nadelwälder mit mächtigen Fichten. Im Winter verläuft die Rallye Monte-Carlo durch den Forêt de Turini. Besucher können schon im Sommer bei der Fahrt über die kurvenreichen kleinen Straßen nachvollziehen, dass dies erst recht bei Schnee die schwierigste Etappe der Rallye-Fahrer darstellt. Vom Pass Col de Turini aus verlaufen mehrere Rundtouren, um dieses reizvolle Gebiet zu erkunden.

Sehenswert

L'Authion

| Bergmassiv |

Vom Col de Turini nach Norden gelangt man zu diesem Berg, der zweimal Schauplatz erbitterter Kampfhandlungen war. 1793 gab es hier Auseinandersetzungen mit Piemonteser Truppen, 1945 mit den Deutschen entlang dieses Abschnitts der Maginot-Linie. Das Mahnmal Monuments aux Morts erinnert daran. Einen wunderbaren Blick über die Gipfel und den Nationalpark Mercantour hat man vom Pointe des Trois-Communes auf mehr als 2000 m Höhe.

Vallon de Ste-Élisabeth

| Flusslandschaft |

Westlich vom Col de Turini geht der Weg entlang der Schlucht des Flusses Ste-Élisabeth zum Aussichtspunkt Chapelle St-Honorat und zum Ort La Bollène-Vésubie, einem hübschen kleinen Bergdorf, das sich seinen ursprünglichen Charakter bewahrt hat. Im Winter kann man von hier aus die Region auf Skiern erkunden.

Lucéram

| Bergdorf |

Scheinbar endlose Serpentinen führen in das hübsche Bergdorf Lucéram – im 15. Jh. florierende Etappe auf der Salzroute. Der Ort besteht aus zwei Teilen: der auf einem Felsen hoch thronenden Oberstadt und einer Unterstadt. Von früher sieben Kapellen – Ausdruck der einst tiefen Religiosität der Region – existieren heute noch vier: neben der Kirche Ste-Marguerite die Kapellen St-Grat, St-Jean, St-Pierre und die Chapelle Notre-Dame-de-Bon-Cœur. Ein Krippenmuseum zeigt Krippen aus aller Welt und Figuren aus allen möglichen Materialien, selbst aus Schokolade. Sehenswert ist auch das Musée des Vieux Outils mit traditionellen Werkzeugen.

■ Musée de la Crèche (Krippenmuseum), pl. Adrien-Barralis, tgl. 9.30–12, 14–17.30 Uhr, 2 €, Kinder (unter 12 J.) frei

Coaraze

| Bergdorf |

Über eine kurvenreiche Straße erreicht man den charmanten mittelalterlichen Ort Coaraze, der mit seinen kleinen Straßen und Plätzen, Arkadengängen und Springbrunnen zum malerischen Bummel einlädt. Die Kirche St-Jean-Baptiste birgt nicht weniger als 118 Stuckengel. Außerhalb der Ortschaft warten zwei weitere religiöse Stätten: Notre-Dame-de-la-Pitié, auch blaue Kapelle genannt, da ein Gemälde das Leben Jesu nur in Blautönen zeigt, und die Chapelle St-Sébastien zu Ehren des Schutzheiligen gegen die Pest mit sehr dekorativen Fresken.

Der Glockenturm der Chapelle St-Jean überragt den kleinen Ort Lucéram

Restaurants

€ | Les Chamois Pilz- und Wildgerichte mit gutem Preis-Leistungs-Verhältnis.

■ Route de Turini, La Bollène-Vésubie, Tel. 04 93 91 58 31, www.hotel-les-chamois.com, tgl. mittags und abends, wechselnde Schließzeiten

Sport

Radfahren Routentipps sind in den örtlichen Touristenbüros erhältlich.

Wandern

Forêt de Turini Die Waldlandschaft ist auf zwei längeren Wanderwegen zu erkunden, den Crêtes de l'Arpiha und der Tour de la Calmette. Weitere Infos unter www.randoxygene.org.

43 Sospel

Einst Handelsstation, heute reizvolle Ausgangsstation für Wanderungen

Information

■ Office de tourisme, 1, pl. St-Pierre, 06380 Sospel, Tel. 04 93 04 15 80, www.sospel-tourisme.com

Der kleine Ort im Tal der Bévéra, umgeben von weiten Olivenhainen, war einst Zwischenstation auf den Handelswegen, die von der Provence bis ins Piemont verliefen. Aus Frankreich wurde Salz bis nach Turin gebracht, auf dem Rückweg wurden aus der damaligen Hauptstadt des Königreichs Sardinien-Piemont Reis, Hanf und Tuche transportiert. Insgesamt schleppten 15 000 Maultiere 5000 t an Waren hin und her, entsprechend gut ausgebaut waren die Wege – heute zur Freude der Wanderer, denen sich vielfältige Möglichkeiten eröffnen.

Sehenswert

Altstadt

| Stadtviertel |

Der Platz St-Michel auf der rechten Flussseite ist von hübschen Häusern im gotischen Stil, mehreren Brunnen sowie der Kirche St-Michel bestanden. Auf der alten Brücke aus dem 11. Jh., die über die Bévéra führt, steht ein Turm, in dem einst der Wegezoll erhoben wurde. Heute ist darin ein Informationsbüro untergebracht, das über den Mercantour-Nationalpark Auskunft gibt. Auf der linken Flussseite lohnt ein Bummel über den Platz St-Nicolas mit einem Brunnen aus dem 15. Jh. und durch die umliegenden Gassen mit ihren ehemaligen Lagerkellern.

Fort St-Roch

| Festung |

Bis 50 m in die Tiefe reicht die Befestigungsanlage, die einst Teil der Maginot-Linie war. Darin befanden sich Küche und Essräume, ein Operations-

Blickfang in Sospel ist die alte Brücke aus dem 11. Jh., die den Fluss Bévéra überspannt

saal und sogar ein Kino. Das hier eingerichtete Museum stellt mit lebensgroßen Puppen die Kriegssituation nach.
■ 1 km südl. von Sospel Richtung Nizza, Juli, Aug. Di–So 14–17, April–Juni Sa, So 14–17 Uhr, 8 €, Kinder (6–15 J.) 5 €

Restaurants

€ | **Le Relais du Sel** Kleine Karte, traditionelle Küche, schöne Lage am Fluss. ■ 3, bd. de Verdun, Tel. 06 63 21 96 78, Juli, Aug. Di–So mittags und abends, sonst Di–Do, So mittags, Fr, Sa mittags und abends

In der Umgebung

Peillon
| **Dorf** |
Wie ein Adlernest klebt der kleine Ort spektakulär zwischen den Felsen. Die Kirche St-Sauveur erhebt sich über die wenigen Häuser, die Kapelle der »Weißen Büßer« ist sehenswert wegen ihrer Fresken von Jean Canavesio. Die Straßennamen wurden in Steine graviert, und zwar ausschließlich in Nissart, der Nizzaer Mundart. Dort, wo Launa und Paillon zusammenfließen, haben zwei Mühlen aus dem 19. Jh. die Zeit überdauert, eine zur Ölgewinnung, die andere zur Mehlherstellung – beide angetrieben vom selben Wasserrad.

44 Saorge

Mittelalterliches Dorf zwischen Felsen in einer einst strategisch wichtigen Lage

Information

■ Mairie de Saorge, av. du Dr-Joseph-Davéo, 06540 Saorge, Tel. 04 93 04 51 23, www.saorge.fr

Am Ausgang der Schlucht des Flusses Roya breitet sich der Ort zwischen zwei Felsen aus wie ein Amphitheater. Seine Lage machte Saorge lange Zeit zu einem strategisch wichtigen Posten, der über Jahrhunderte hinweg nicht eingenommen werden konnte.

Sehenswert

Altstadt
| **Stadtviertel** |
Der Ort, der sich seinen mittelalterlichen Charakter bewahrt hat, ist auf drei Ebenen erbaut. Und jede besitzt ihren mit einem Springbrunnen gezierten Platz. Saorge hat weniger als 500 Einwohner, dafür aber drei Kirchen. Madonna del Poggio, die älteste der Region und mit einem hohen schlanken Glockenturm versehen, befindet sich in Privatbesitz. Die Église St-Sauveur mit ihren drei Längsschiffen birgt eine vergoldete hölzerne Marienstatue und eine Orgel, die 1847 auf dem Rücken von Maultieren von Nizza hierher transportiert wurde. Von der Terrasse des im 17. Jh. im italienischen Barockstil erbauten Franziskaner-Couvent geht der Blick über den Ort und die Roya mit ihrer Schlucht.

Parken

Kostenlose Parkplätze gibt es vor dem Ort in der Nähe des Friedhofs.

Restaurants

€ | **La Petite Épicerie** Treffpunkt von Einheimischen und Besuchern, Laden mit Bistro, einfache, aber schmackhafte Speisen. ■ 68, rue Revelli, Tel. 09 67 38 10 83, Juli, Aug. tgl. 8–21.30, April–Juni, Sept.–Dez. Fr–Mi 8–14.30, 17–20 Uhr

Kinder

Écomusée du Haut-Pays et des transports Im früheren Bahnhof sind einstige Schienenfahrzeuge zu sehen, darunter eine Dampflok, alte Wagen, eine Rangierlok, auch einige alte Autos sowie Modelleisenbahnen. ■ Gare de Breil, www.ecomusee-breil.com, Mai–Sept. 14–18 Uhr, 3 €, Kinder frei

In der Umgebung

Gorges de Saorge
| Schlucht |
Oberhalb der Felsen führt die Straße an der Roya entlang, deren Schlucht zu den schönsten dieser an atemberaubenden Landschaften reichen Region gehört. Zwar geht es tief hinab, doch immer wieder findet man Stellen, um gefahrlos nach unten in die Schlucht zu gelangen. Als hier die Eisenbahnlinie von Nizza ins italienische Cuneo errichtet wurde, entstanden mit mehreren Viadukten Meisterwerke der Ingenieurskunst.

Breil-sur-Roya
| Dorf |
Hier spürt man ganz deutlich die Nähe zu Italien: ein charmantes Dorf, eingezwängt zwischen Fluss und Berggipfel mit engen Gassen, in denen einige Häuser mit bunten Trompe-l'œil-Malereien verziert sind. Der mehrfarbige Turm der Pfarrkirche Sancta-Maria-in-Albis erhebt sich über die Häuser, im Innern dieses barocken Bauwerks aus dem 18. Jh. sieht man Fresken, die Mariä Himmelfahrt zeigen. Die italienisch anmutende Renaissancefassade der Kapelle Ste-Cathérine und das Genueser Tor machen die frühere Zugehörigkeit zu Italien deutlich.

45 Tende

Reizvoller, alpin geprägter Ort und Tor zum »Tal der Wunder«

Information

■ Office de tourisme de Tende/Maison du Parc national du Mercantour, 103, av. du 16-septembre-1947, 06430 Tende, Tel. 04 93 04 73 71, www.tendemerveilles.com

Mit seinen ca. 2000 Einwohnern zählt Tende schon zu den größten Ortschaften der Alpes niçoises. Bis 1947 gehörte es mit dem Nachbarort La Brigue noch zu Italien, dann votierte die Bevölkerung für die Zugehörigkeit zu Frankreich. Am nordöstlichen Zipfel des Nationalparks Mercantour gelegen, ist Tende Ausgangspunkt für Ausflüge und Wanderungen durch das zauberhafte Tal Vallée des Merveilles.

ADAC *Mobil*

Mehr als 1000 m Höhenunterschied überwindet der Touristenzug **Train des Merveilles** bei seiner Fahrt von Nizza nach Tende. Dabei durchquert er 81 Tunnel und fährt über 407 Brücken. Unterwegs werden Landschaft und Dörfer erklärt.
Infos im Office de Tourisme in Tende (S. 118), Anfang Juni–Ende Sept. tgl., Mai, Okt. Sa, So, 16 €

Sehenswert

Altstadt
| Stadtviertel |
Die Gebäude, einige aus dem 15. Jh., zeigen deutlich den alpinen Charakter des Ortes. Die mittelalterlichen Gassen

verlaufen parallel zum Hang, gelegentlich verbunden durch überdachte Quergänge, die »carugiu«. Durch das Spitzbogentor Porte d'Italie zogen einst die Händler Richtung Piemont. Vom ehemaligen Schloss der Familie Lascaris ist nur noch eine Mauer erhalten, sehenswert sind die Kapellen der »Weißen« und der »Schwarzen Büßer«, beide mit einem Zwiebelturm und zahlreichen Gemälden im Inneren.

Collégiale Notre-Dame-de-l'Assomption

| Kirche |

Zu Beginn des 15. Jh. wurde diese Kirche zu Ehren von Mariä Himmelfahrt errichtet. Das herrliche Renaissanceportal besteht aus zwei dorischen Säulen, die sich jeweils auf einem steinernen Löwen erheben. Auf dem Sims sind Jesus und die Apostel zu sehen.

Musée des Merveilles

| Kulturgeschichtliches Museum |

Modern gestaltetes Museum, das über Geschichte und Geologie der Region sowie ihre steinzeitlichen Höhlen- und Felsmalereien informiert. Dabei wird der Alltag der Bewohner, der Jäger und Hirten, vor Tausenden von Jahren sehr anschaulich gezeigt. Vom Band werden Märchen und Legenden aus dem Roya-Tal erzählt.

■ Av. du 16-septembre-1947, www.museedesmerveillescom, Mitte Juni–Mitte Sept. 10–18, sonst 10–17 Uhr, Eintritt frei

Restaurants

€€ | Le P'tit Chez Soi Regionale Produkte, gute Weine, an manchen Tagen Chansons oder Jazz. ■ 29, av. du 16-septembre-1947, Tel. 04 93 04 68 68, Di–Do, So mittags, Fr, Sa mittags und abends

ADAC *Mittendrin*

Am zweiten Wochenende im August finden sich zur **Fête des bergers de la St-Roch et fête paysanne** in Tende bäuerliche Produzenten aus dem Roya-Tal und dem italienischen Piemont ein. Es gibt Verkostungen und Vorführungen, wie etwa Käse oder frische Teigwaren produziert werden, wie man Kerzen aus Bienenwachs zieht und Lavendel destilliert. Das Fest endet am Sonntag mit dem Zug der Schafsherden durch den Ort.

In der Umgebung

La Brigue

| Dorf |

Etwa 6 km südöstlich von Tende liegt unterhalb der Ruinen eines Schlosses aus dem 14. Jh. der hübsche Ort La Brigue, von dem aus Besucher einen tollen Blick auf den 2872 m hohen Mont Bégo haben, den wegen seiner Felszeichnungen berühmten Berg im Nationalpark Mercantour. La Brigue weist mehrere Kirchen und Kapellen auf, in denen Malereien der Künstler der »primitifs niçois« zu bewundern sind.

Chapelle Notre-Dame-des-Fontaines

| Kirche |

Sixtinische Kapelle der Alpes-Maritimes wird dieses Bauwerk 4 km östlich von La Brigue im Tal des Mont-Noir genannt. Die Kapelle wurde im 14. Jh. erbaut, der Ort selbst galt aber schon 100 Jahre vorher als heilig. Das Kirchenschiff ist gerade einmal 16 x 10 m groß, ein Chor schließt daran an. Die großartigen Fresken von Jean Baleison und Jean Canavesio zeigen die Passionsgeschichte und das Jüngste Gericht.

■ Anfahrt von La Brigue über die D43, www.labrigue.fr, Mitte April–Mitte Okt. 10–12.30, 14–17.30 Uhr, sonst auf Anfrage, Führung 4 €, Kinder (bis 12 J.) frei

46 Parc National du Mercantour

Ein Paradies für begeisterte Wanderer mit Felsgraffiti aus der Bronzezeit

Information

■ Office de tourisme de Tende/Maison du Parc national du Mercantour, 103, av. du 16-septembre-1947, 06430 Tende, Tel. 04 93 04 73 71, www.tendemerveilles.com

Der Nationalpark in den Alpes-Maritimes umfasst 22 Gemeinden auf einer Fläche von 68 500 ha. Er ist verbunden mit dem Parco Naturale delle Alpi Marittime auf der italienischen Seite. Als einziges Bergmassiv Europas beherbergt er alle drei Berghuftierarten: Mufflons, Gämsen und Steinböcke. Wer sich ruhig fortbewegt, hat die Chance, daneben auch Rehe, Hirsche, Schnee- und Rebhühner sowie eine Reihe von Greifvögeln zu beobachten.

Der Parc National du Mercantour ist ein Paradies für Natur- und Wanderfreunde

Sehenswert

Vallée des Merveilles

| Landschaft |

10 *Menschen aus der Bronzezeit hinterließen hier ihre Spuren*

Westlich von Tende, umgeben von fast 3000 m hohen Bergen, liegt das »Tal der Wunder« im Herzen des Mercantour-Nationalparks. Die Zone ist strikt geschützt, ein Abweichen von den Wegen oder gar das Bemalen der Felsen mit Graffiti werden streng geahndet. Vom Weiler Casterino aus führt ein ausgeschilderter Wanderweg zu den Bergseen und der 2568 m hohen Baisse de Fontanalbe. Die Felsgravuren rund um den Mont Bégo – insgesamt mehr als 40 000 – sind nur im Rahmen einer Führung zu besichtigen. Die Menschen der Bronzezeit glaubten, dass hier der Sitz des Stiergottes sei, und so machen Abbildungen von Stieren die Mehrheit der Gravuren aus.

■ Besichtigung der Felsgravuren: Infos im Hameau de Casterino, www.vallee-merveilles.com, Voranmeldung erforderlich, 14 €, Kinder (12–18 J.) 7 €

Wandern

Die **Fernwanderwege** GR 5 und GR 52A sind gut ausgeschildert, feste Wanderschuhe sind erforderlich. ■ Infos im Office de Tourisme in Tende (S. 118)

Übernachten

Die meisten Herbergen und Hotels in den Seealpen bieten viel für wenig Geld. Zwar sind die Zimmer oft einfach und schlicht gestaltet, aber die Lage in der Nähe zum Nationalpark Mercantour, zu hohen Gipfeln mit Bergseen und Wasserfällen, zu Skigebieten und zur italienischen Grenze ist schlichtweg genial. Die meist familiären Häuser bieten zudem kräftige Mahlzeiten für den großen Hunger nach langen Wanderungen an.

Vallée de la Vésubie 112

€ | **Auberge du Bon Puits** Rustikales Steinhaus an der Straße entlang der Vésubie-Schlucht, traditionelle Zimmer. ■ Le Suquet, 06450 Lantosque, Tel. 04 93 03 17 65

€ | **Auberge des Murès** Familiäre Herberge, einfache Zimmer mit Balkon, schöner Blick, dazu ein einfaches Chalet mit 6 Betten. ■ Route du col St-Martin, 06420 St-Dalmas-Valdeblore, Tel. 04 93 23 24 60, www.aubergedesmures.com

€ | **Hôtel La Vigneraie** Haus in grüner Umgebung, ländliche Zimmer, teils mit Balkon. ■ 82, route St-Blaise, 06670 Levens, Tel. 04 93 79 77 60, www.hotel-restaurant-la-vigneraie.com

€ | **Le Relais fleuri** Dorfhaus mit Garten, geräumige, nett gestaltete Zimmer, Gemeinschaftsbad. ■ 5, rue des Laves, 06830 Gilette, Tel. 04 93 08 56 45

€ | **Le Clos Joli** Ferienwohnungen in einem hübschen Haus im Grünen, nahe dem Zentrum von St-Martin, große, schön gestaltete Zimmer. ■ 56c, promenade Vincent Paschetta, 06450 St-Martin-Vésubie, Tel. 06 09 84 50 53, www.facebook.com/leclosjolivesubie

€–€€ | **Le Bellevue** Familiäres Haus am Ortsausgang, adrette Zimmer, Pool mit Blick auf die Berge. ■ Route de la Madone, 06450 Utelle, Tel. 04 93 03 17 19

€€ | **La Pierre bleue** Steinhaus umgeben von einem Garten, die Berge im Hintergrund, elegante große Zimmer, kleiner Kinderspielplatz. ■ 163, bd. Raoul-Audibert, 06450 St-Martin-Vésubie, Tel. 04 93 03 37 86

Sospel 116

€ | **La Chapelle St-Gervais** Gästezimmer auf dem Bauernhof mit Kapelle, sympathisch eingerichtet, die Berge im Hintergrund. ■ Quartier Saint Gervais Nieya, 06380 Sospel (Richtung Breil-sur-Roya), Tel. 04 93 04 16 49, www.lachapellesaintgervais.com

€–€€ | **Chambre d'hôte Le Domaine du Paraïs** Großes Herrenhaus oberhalb des Orts, schöner Park, Terrakottafliesen, freundlich gestaltete Zimmer. ■ La Vasta Supérieure, 06380 Sospel, Tel. 04 93 04 15 78, www.domainedu parais.monsite-orange.fr

€–€€ | **L'Auberge de la Madone** Eine Herberge umgeben von Obst- und Olivenbäumen, Zimmer in sanften Farben, meist mit Balkon oder Terrasse. ■ 3, pl. Auguste Arnulf, 06440 Peillon, Tel. 04 93 79 91 17, www.auberge-madone-peillon.com

€€ | **Chambre d'hôte Les Cypres** Haus im Nizzaer Stil, erbaut im Jahr 1920, großer Garten, bestanden mit Obstbäumen, nette einfache, aber liebevoll gestaltete Zimmer. ■ 289, route de Châteauneuf, 06390 Contes, Tel. 0646275495, www.lescypres.fr

Saorge 117

€ | Hôtel Le Roya Am linken Ufer des Flusses Roya, gut ausgestattete Zimmer, einige mit Blick auf Berge und Fluss. ■ 3, pl. Biancheri, 06540 Breil-sur-Roya, Tel. 0493044810, www.hotelbreilsurroya.fr

€ | Chambre d'hôte Le Berghon Gästehaus in einem Mini-Bergdorf (ca. 10 km südlich von Saorge), komplett renoviertes altes Gemäuer umgeben von Kastanien, Zimmer in freundlichen Farben. ■ Hameau de Berghe Inférieur Fontan, 06540 Breil-sur-Roya, Tel. 0493045465, www.leberghon.com

€€ | Chambre d'hôte Ca'Da'barrera Untergebracht in der liebevoll restaurierten früheren Dorfschule, charmante Zimmer, Balkone mit weitem Blick übers Tal. ■ 1, rue Président Doumergue, 06540 Saorge, Tel. 0611544384, www.chambresdhotes-saorge.fr

Tende 118

€ | Hôtel Mirval Herberge erbaut im 19. Jh., direkt am Fluss, sachliche Zimmer, von der Terrasse wunderbarer Blick auf die Berge. ■ 3, rue Ferrier, 06430 La Brigue, Tel. 0493046371, www.lemirval.com

€ | Le Miramonti Rustikales Hotel mit Restaurant ganz in der Nähe des Bahnhofs, komfortable schlichte Zimmer, große Terrasse. ■ 5, rue Antonin Vassalo, 06430 Tende, Tel. 0493046182, www.lemiramonti.fr

€ | La vieille Maison Biselli Herberge aus dem 19. Jh. im Nationalpark Mercantour, etwa 5 km von Tende entfernt, einfache nette Zimmer, Garten, Sonnenterrasse mit Bergblick, Salon. ■ Hameau de Viévola, 06430 Tende, Tel. 0493047751

€–€€ | Hôtel Le Prieuré Komfortable moderne Zimmer mit rustikalen Möbeln, untergebracht in einem früheren Kloster, am Rande des Nationalparks Mercantour. ■ 31, rue Jean-Médecin, 06430 St-Dalmas-de-Tende, Tel. 0493047570, www.leprieure.org

ADAC *Das besondere Hotel*

Die **»Goldene Gämse« (Chamois d'Or)** liegt im Ort Casterino in 1550 m Höhe am Eingang zum Vallée des Merveilles. Im Sommer bietet die Region ausgiebige Wandermöglichkeiten, im Winter lange Langlaufloipen. Das Haus aus Holz und Naturstein inmitten einer zauberhaften Natur hat elegant-rustikale, große Zimmer.

€€€ | Hameau de Casterino, 06430 Tende, Tel. 0493046666, www.hotelchamoisdor.net

ADAC *Service Côte d'Azur*

Beim **ADAC Infoservice**, in den **ADAC Geschäftsstellen** sowie auf dem **Internetportal des ADAC** (adac.de) erhalten Sie Informationen zu den Dienstleistungen des Automobilclubs und zu Ihrem Reiseziel. Als **ADAC Mitglied** können Sie zudem die kostenlosen **ADAC TourSets® Côte d'Azur** mit vielen Reiseinfos und Karten anfordern oder die **TourSet App** auf dem **Smartphone** oder **Tablet-PC** installieren (adac.de/toursetapp).
Rufen Sie bei Notfällen und Pannen den **ADAC Notruf** bzw. den **ADAC Auslandsnotruf** an. Unser Team steht Ihnen rund um die Uhr zur Verfügung.

ADAC Infoservice
Tel. 0800/5101112
Infos zu allen ADAC Leistungen
(Mo–Sa 8–20 Uhr, gebührenfrei)

ADAC Notruf Deutschland
Tel. 0180/2222222
(24 Std., ca. 6 ct/Anruf, max. 42 ct/Min. aus deutschem Mobilfunknetz)

ADAC Notruf Mobil-Kurzwahl
Tel. 22 22 22
(Gebühren variieren je nach Netzbetreiber)

ADAC Auslandsnotruf
Tel. +49/89/22 22 22
(Gebühren variieren je nach Netzbetreiber und Land)

Internet-Serviceangebote des ADAC für Ihre Reiseplanung

Service	**Webadresse**
Aktuelle Verkehrslage	adac.de/verkehr
ADAC Routenplaner	adac.de/maps
Infos zu Tankstellen und Spritpreisen	adac.de/tanken
Infos zu mautpflichtigen Strecken	adac.de/maut
Infos zu Fährverbindungen	adac.de/faehren
ADAC TourMail (Aktuelle Infos vor Anreise)	adac.de/tourmail
Informationen für Camper	adac.de/camping
Informationen für Motorradfahrer	adac.de/motorrad
Informationen für Segler und Skipper	adac.de/sportschifffahrt
ADAC Reiseangebote	adacreisen.de
ADAC Autovermietung	adac.de/autovermietung
ADAC Mitfahrclub (offen für alle)	adac.de/mitfahrclub
ADAC Versicherungen für den Urlaub	adac.de/versicherungen
Weltweite Preisvorteile für ADAC Mitglieder	adac.de/vorteile-international

Diese **Produkte des ADAC** könnten Sie interessieren: **ADAC Reiseführer Paris, ADAC Reiseführer Französische Atlantikküste und ADAC Campingführer Südeuropa** – erhältlich im Buchhandel, bei den ADAC Geschäftsstellen und in unserem ADAC Online-Shop (adac.de/shop).

Anreise und Einreise

Auto

Für die Anreise Richtung Marseille empfiehlt sich die A7 (Autoroute du Soleil) über Lyon. Wer nicht direkt nach Marseille möchte, nimmt hinter Salon-de-Provence die A8 (La Provençale), die über Aix-en-Provence durch das Hinterland der Côte d'Azur an die Küste führt. Die Anreise Richtung Nizza ist am einfachsten über die Schweiz (Basel, Luzern, Gotthard-Tunnel) Richtung Genua und bei Ventimiglia/Menton über die französische Grenze. Auf den französischen Autobahnen fallen Mautgebühren an (Mulhouse-Marseille ca. 55 €, Entfernung 691 km), für die Schweiz benötigt man eine Vignette (ca. 40 CHF, Entfernung Basel-Menton 649 km).

Bahn

Mit dem Hochgeschwindigkeitszug **TGV** erreicht man Marseille täglich direkt z.B. ab Frankfurt in knapp 8 Std. (auf preiswerte Konditionen ab 39 € achten), die Weiterfahrt ist im TGV bis Nizza, Monaco und Menton möglich. Für TGVs ist eine Platzreservierung erforderlich.

Bus

Fernbusse fahren ab mehreren deutschen Städten, z.B. von München nach Nizza in rund 12,5 Std. für 32 €. Onlineportale wie www.checkmybus.de und www.busliniensuche.de vergleichen alle Anbieter.

Flugzeug

Anreise von vielen deutschen Flughäfen mit diversen Airlines (auch Billigflieger) nach Nizza, Marseille-Marignane und Toulon-Hyères.

Einreise und Dokumente

Bürger der EU- Staaten und Bürger der Staaten des Schengen-Raums (z.B. Bürger der Schweiz) benötigen einen Personalausweis oder Reisepass (auch vorläufige Dokumente werden anerkannt), jedes Kind bis 12 Jahre braucht einen eigenen Kinderausweis.

Auto und Straßenverkehr

Führerschein und Papiere

Autofahrer benötigen einen nationalen Führerschein und die Zulassungsbescheinigung für ihr Fahrzeug. Die Mitnahme der Internationalen Grünen Versicherungskarte wird empfohlen, da sie als Versicherungsnachweis dient und bei einem Unfall die Abwicklung erleichtert.

Straßennetz und Sicherheit

Das Straßennetz in Frankreich ist sehr gut ausgebaut, Fernstraßen sind in der Regel in bestem Zustand. Besonders auf der Küstenstraße der Côte d'Azur gibt es in den Sommermonaten aber zahlreiche Staus.

Verkehrsvorschriften

Es herrscht **Anschnallpflicht**, Telefonieren am Steuer ist verboten, und eine reflektierende **Warnweste** muss im Auto mitgeführt werden.

Verstöße gegen Verkehrsregeln werden mit deutlich höheren **Bußgeldern** geahndet als in Deutschland, nicht angeschnallte Fahrer z.B. zahlen 90 €. Bußgelder sollte man keinesfalls ignorieren, sie werden auch im Heimatland eingetrieben. Schnelle Zahlung lohnt sich, da die Summe sonst automatisch ansteigt. In Frankreich kann man das Bußgeld auch bar in vielen Zeitungsgeschäften zahlen.

Meist gibt es an **Ampeln** keine Haltelinie. So weit vorfahren, dass man die kleine Ampel in Augenhöhe im Blick hat. Ampeln springen von Rot übergangslos auf Grün um, eine Rot-Gelb-Phase gibt es nicht.

Tempolimits in Frankreich

Straße	Tempolimit
Autobahn	max. 130 km/h bei Nässe 110 km/h
Vierspurige Schnellstraße	max. 110 km/h bei Nässe 100 km/h
Landstraße	max. 80 km/h (herabgesetzt seit 1.7.2018)
Ortschaft	max. 50 km/h

Achtung: Für **Fahranfänger** – das sind all jene, die ihren Führerschein weniger als zwei Jahre besitzen – gelten andere Tempolimits: auf Schnellstraßen höchstens 100 km/h, auf Autobahnen 110 km/h.

Die **Promillegrenze** beträgt wie in Deutschland 0,5 Promille – in Frankreich allerdings auch für Radfahrer. Verstöße werden mit Bußgeldern ab 135 € aufwärts geahndet.

Die ursprüngliche Pflicht, ein **Alkoholmessgerät** mit sich zu führen, wurde wieder ausgesetzt.

Tanken

Das Tankstellennetz ist an der Côte d'Azur gut ausgebaut, in kleineren Orten ist manchmal nur eine Bezahlung mit Kreditkarte möglich. An etwa 1700 Tankstellen gibt es auch Autogas, manchmal kann allerdings ein spezieller Adapter notwendig sein. Die **Preise** für Diesel und Benzin sind örtlich recht unterschiedlich, deutlich am preisgünstigsten ist das Tanken bei großen Supermärkten.

Parken

Bei weiß gestrichelten Linien ist das Parken erlaubt, in blau markierten Bereichen von Montag bis Samstag von 9–12 und 14–19 Uhr sogar für eine Stunde kostenlos (Parkscheibe nicht vergessen), sonntags ohne Zeitbegrenzung. Durchgezogene gelbe Linien bedeuten absolutes Halteverbot, gestrichelte gelbe Linien Parkverbot.

Maut

Die meisten **Autobahnen** in Frankreich sind gebührenpflichtig, auch kleine Beträge können per **Kreditkarte** bezahlt werden. So verkürzt man sich und den Fahrern hinter sich längere Wartezeiten. Noch schneller geht es gerade in der Hochsaison mit einer an der Frontscheibe angebrachten **Mautbox**, mit der man an den extra gekennzeichneten Spuren der Mautstation, Télépéage, durchfährt, deutlich gemacht durch ein orangefarbenes »t«. Spuren, die nur mit diesem Zeichen markiert sind, sind für alle anderen Fahrer tabu. Die Beträge für die Mautbox werden monatlich vom Konto abgebucht. Infos auf Deutsch unter www.bipandgo.com/de.

Unfall

Bei Unfällen gilt: sofort anhalten, die reflektierende Warnweste anlegen, Unfallstelle absichern, bei Personenschäden die Polizei rufen und gegebenenfalls Erste Hilfe leisten. Bei Bagatellschäden ist die Polizei nicht zum Einsatz verpflichtet.

Die Mitnahme der **Grünen Versicherungskarte** ist zwar nicht Pflicht, kann aber bei einem Unfall hilfreich sein. Wer zu Hause einen **Europäischen Unfallbericht** in deutsch-französischer Version eingesteckt hat (erhältlich beim ADAC), erleichtert den bürokratischen Ablauf. Bei allen weiteren Problemen hilft der ADAC-Auslandsnotruf, Tel. 0049 89 22 22 22.

Barrierefreies Reisen

Es gibt zwar in Frankreich das Gütesiegel »Tourisme et handicap«, aber selbst in Großstädten wie Marseille sind beispielsweise nicht alle Metrostationen barrierefrei. Genaue Auskünfte geben die örtlichen Offices de Tourisme. Hilfreich ist auch die Webseite www.handitourismepaca.fr.
Für die Nutzung der mit einem Rollstuhl gekennzeichneten Behindertenparkplätze muss man den blauen Europäischen Behindertenausweis deutlich sichtbar auf der Fensterablage platzieren.

Diplomatische Vertretungen

Deutsches Generalkonsulat in Marseille

■ 10, pl. de la Joliette, Les Docks, Hôtel de Direction, 1er étage, 13002 Marseille, Tel. 04 91 16 75 28, Mo–Fr 8.30–11.30 Uhr, https://allemagneenfrance.diplo.de

Deutsches Honorarkonsulat in Nizza

■ Le Minotaure, 81, rue de France, L'Adriatic, 2ème étage, 06000 Nizza, Tel. 04 93 83 55 25, www.botschaft-konsulat.com, Publikumsverkehr nach Vereinbarung

Österreichisches Ehrenkonsulat in Marseille

■ 27, cours Pierre Puget, 13006 Marseille, Tel. 04 91 53 02 08, www.botschaft-konsulat.com, Mo–Fr 9.30–12.30 Uhr

Österreichisches Ehrenkonsulat in Nizza

■ 6, ave. de Verdun, 06000 Nizza, Tel. 04 93 87 01 31, www.botschaft-konsulat.com, Mo–Fr 10–12 Uhr

Schweizer Generalkonsulat in Marseille

■ 7, rue d'Arcole, 13291 Marseille Cedex 6, Tel. 04 96 10 14 10, www.eda.admin.ch, Mo–Fr 9–11.30 Uhr

Schweizer Konsulat in Nizza

■ Antinea, 50, corniche Fleurie, 06200 Nizza, Tel. 06 37 16 21 85, www.eda.admin.ch, Publikumsverkehr nach Vereinbarung

Feiertage

1. Januar: Neujahr (Nouvel An), März/April: Ostermontag (Lundi de Pâques), 1. Mai: Tag der Arbeit (Fête du Travail), 8. Mai: Tag der Befreiung (Fête de la Victoire), Mai/Juni: Christi Himmelfahrt (L'Ascension), Mai/Juni: Pfingstmontag (Lundi de Pentecôte), 14. Juli: Nationalfeiertag (Fête nationale), 15. August: Mariä Himmelfahrt (L'Assomption), 1. November: Allerheiligen (Toussaint), 11. November: Waffenstillstandstag 1918 (Armistice 1918), 25. Dezember: Weihnachten (Noël).

Geld und Währung

Mit **Girocard** (EC-Karte) und **Kreditkarten** (Master und Visa – selten American Express und Diners) kann man in Restaurants, allen größeren und auch den meisten kleineren Geschäften bezahlen. Bargeldloses Zahlen ist in Frankreich wesentlich weiter verbreitet als in Deutschland.
Geld am **Automaten** abzuheben, kann teuer werden (5 € pro Vorgang), deshalb sollte man sich vor Reiseantritt bei der Hausbank erkundigen, bei welchen Partnerbanken in Frankreich Abhebungen kostenlos und wie die Tages- oder Wochenlimits für Bargeld am Automaten sind.

Festivals und Events

Januar

Internationales Zirkusfestival Monaco (Mitte/Ende Januar, www.montecarlofestival.mc) –1974 geschaffen von Prinz Rainier.

Februar

Blumenumzug Bormes-les-Mimosas (letzter Sonntag des Monats, www.bormeslesmimosas.com) – Großer Corso mit geschmückten Wagen.

Karneval Nizza (zwei Wochen rund um Faschingsdienstag, www.nicecarnaval.com) – Umzug mit riesigen Figuren und 100 000 Blumen.

Zitronenfest Menton (drei Wochen rund um Faschingsdienstag, www.apcm-riviera.com) – Mit Südfrüchten dekorierte Umzugswagen.

März

Napoleon-Fest Golfe Juan (drei Tage in der ersten Monatswoche, www.vallauris-golfe-juan.fr) – Gefeiert wird die Landung Napoleons aus Elba in historischen Kostümen.

April

Internationales Mode- und Fotofestival Hyères (Ende April/Anfang Mai, www.villanoailles-hyeres.com) – Vor allem in der Villa Noailles.

Mai

Internationales Filmfestival Cannes (www.festival-cannes.com) – Zwei Wochen Aufmarsch der großen Stars.

Großer Preis von Monaco – Formel-1-Rennen am dritten Wochenende des Monats.

Pilgerzug von Ste-Baume (Pfingsten, www.pelerinagesdefrance.fr/Sainte-Baume) – Von St-Maximin zur Grotte der Maria Magdalena.

Juni

Fischerfest Cassis (Ende Juni) – Großes Fest im und rund ums Meer mit Sardinenessen.

Juli

La Marseillaise (Anfang Juli, www.lamarseillaise.fr/sports/boule) – Größtes Bouleturnier weltweit in Marseille.

Jazz à Juan (Mitte Juli, www.jazzajuan.com) – Zwölftägiges internationales Festival in Juan-les-Pins.

August

Bauernfest Tende (Fête de la St-Roch, Mitte August, www.tendemerveilles.com) Degustationen, Käseproduktion, Lavendeldestillation.

September

Segelregatten St-Tropez (Ende September, www.lesvoilesdesaint-tropez.fr) Luxuriöse Yachten, zahlreiche Shows im Hafen.

Oktober

Maronenfeste Massif des Maures – In Collobrières, Gonfaron und La Garde-Freinet, Märkte mit Degustationen.

Dezember

Weinfest Bandol (erster Sonntag des Monats, www. fetedumillesime.com) – Verkostung des letzten Jahrgangs.

Kosten im Urlaub

Das Preisniveau hängt davon ab, wie gefragt die jeweilige Gegend ist. An der Küste, vor allem in der Nähe touristischer Highlights, ist es deutlich teurer als im Hinterland.

Durchschnittliche Preise

Tasse Kaffee	1,50–2,50 €
(Softdrink) (z.B. Limonade)	2,50–4,50 €
Glas Weißwein (0,2 l)	3–6 €
Pastis	3,50–4 €
2 Kugeln Eis	3,50–5 €
Hauptgericht (Restaurant)	ab 15 €
Eintritt staatl. Museen, unter 26 Jahren frei	ca. 5 €
Mietwagen/Tag	ab 50 €

Gesundheit

Krankenversicherung

Das französische Gesundheitssystem ist sehr professionell, Fachärzte findet man in allen größeren Städten. Die Kosten für Arztbesuche und Medikamente müssen in der Regel zunächst vor Ort bezahlt werden, auch wenn man im Besitz einer **internationalen Versichertenkarte** ist. Die Krankenkassen erstatten aber den Betrag nach heimischen Richtlinien. In staatlichen Krankenhäusern werden die Karten meist anerkannt.

Apotheken

Apotheken (»pharmacie«) erkennt man an einem – meist blinkenden – grünen Kreuz. Für Notfälle hängt in jeder Apotheke am Eingang oder im Fenster die Adresse der nächstliegenden offenen Apotheke (»de garde«) aus. **Medikamente** sind in Frankreich in der Regel erheblich billiger als in Deutschland.

Örtliches **Leitungswasser** ist fast überall trinkbar, bei öffentlichen Brunnen auf entsprechende Hinweise achten.

In ländlichen Regionen leben **Vipern**, die aber Menschen nur attackieren, wenn sie sich bedroht fühlen. Bei Schlangenbissen einen Arzt aufsuchen und vorher das Tier möglichst fotografieren, damit das geeignete Gegengift schnell gefunden wird.

Haustiere

Hunde und **Katzen** dürfen mit einreisen, wenn für sie ein Europäischer Impfpass vorliegt, in dem die Kennzeichnung der Tiere durch Mikrochip oder Tätowierung eingetragen ist. Zudem muss dort eine gültige Tollwut-Impfung vermerkt sein, die mindestens 21 Tage vor Einreise erfolgte. Mitgeführte Tiere dürfen nicht jünger als drei Monate alt sein. Kampfhunde dürfen nicht mitgenommen werden.

Information

Außer bei den örtlichen Offices de Tourisme gibt es Infos bei

Atout France

■ Zeppelinallee 37, 60325 Frankfurt/M., info.de@atout-france.fr, de.france.fr

Fremdenverkehrs- und Kongressbüro Nizza Côte d'Azur

■ BP 4079, 06302 Nizza Cedex 4, Tel. 04 92 14 46 14, de.nicetourisme.com

Marseille-Tourismus

■ 11, La Canebière, 13001 Marseille, Tel. 08 26 50 05 00, info@marseille-tourisme.com, www.marseille-tourisme.com/al

Klima und beste Reisezeit

So richtig kalt wird es an der Côte d'Azur nicht. Natürlich sind für **Ba-**

deurlauber die Sommermonate optimal, doch dann sind Strände und Städte sehr voll, denn von Anfang Juli bis zum 31. August haben die französischen Kinder Ferien, zudem einige große Unternehmen Betriebsferien. Wer nicht auf Schulferien angewiesen ist, erlebt auch im September und Oktober noch angenehme Luft- und Wassertemperaturen. Für **Wanderurlauber** sind Vor- und Nachsaison sowieso entspannter.
Vor allem im Frühjahr und Herbst weht im Rhônetal um Marseille häufig der **Mistral**, ein im Sommer erfrischender, sonst kalter Wind aus dem Norden. Die Côte d'Azur bleibt aufgrund der Berge, die im Hinterland aufragen, überwiegend davon verschont.

Klimatabelle Côte d'Azur

Monat	Luft (°C)	Wasser (°C)	Sonne (h/Tag)	Regentage
Jan.	13	14	6	9
Feb.	13	13	6	7
März	15	13	7	8
April	17	14	8	9
Mai	20	17	9	8
Juni	24	21	10	5
Juli	27	23	12	2
Aug.	27	24	11	4
Sept.	25	22	9	7
Okt.	21	20	7	9
Nov.	18	17	5	9
Dez.	13	15	5	9

Notfall

Europäische Notrufnummer: 112
Kostenlose Notrufe:
- Polizei 17
- Feuerwehr 18
- Rettungsdienst (SAMU) 15
- Seenotrettung 161
- Notruf vom deutschen Handy 0033/112

Bei einer Autopanne: Anruf von einer der Notrufsäulen an der Autobahn und einigen Nationalstraßen oder beim ADAC-Auslandsnotruf, Tel. 0049/89 22 22 22.

Öffnungszeiten

Supermärkte haben meist Mo–Sa von 8.30–20 Uhr geöffnet, in der Hochsaison oft von 8–21 Uhr. Bei vielen kleineren Geschäften muss man eine zweistündige Mittagspause einkalkulieren. Manche Läden haben sonntags bis Mittag geöffnet, im Sommer auch die Supermärkte. Daneben gibt es in vielen Städten »épiceries de nuit«, kleine Läden, in denen man bis mitten in der Nacht ein begrenztes (und teures) Angebot bekommt. **Banken** haben am Wochenende und meist auch mittags geschlossen, die **Post** hat meist von 8.30–17 Uhr (mit Mittagspause) geöffnet, am Samstag meist bis 12.30 Uhr. Einheitliche Öffnungszeiten existieren allerdings nicht. Die meisten **Restaurants** haben mittags von 12–14 und abends von 19–22 Uhr geöffnet. Nach 14 bzw. 22 Uhr werden meist keine neuen Gäste mehr akzeptiert.

Post

Innerhalb Frankreichs muss eine **Postkarte** oder ein **Brief** bis 20 g mit einer grünen Marke (0,80 €) frankiert werden, innerhalb der EU mit einer blauen (1,20 €). **Briefmarken** gibt es bei der Post und in Zeitungsläden mit einer roten »tabac«-Raute. Die **Briefkästen** sind wie in Deutschland gelb.

Rauchen und Alkohol

In Frankreich ist das Rauchen in Bars und Restaurants verboten. Die Lizenzen für Alkoholausschank werden differenziert gehandhabt: Einige Bars haben keine Erlaubnis, Hochprozentiges auszuschenken, andere dürfen alkoholische Getränke nur in Verbindung mit Speisen anbieten. In Autobahnraststätten gibt es keinen Alkohol zum Mitnehmen. Der Verkauf von alkoholischen Getränken an Personen unter 18 Jahren ist verboten, der Konsum wird jedoch nicht gesetzlich reguliert.

Sicherheit

Zur Sicherheit sollte man über Nacht keine Wertgegenstände oder Gepäckstücke im Wagen lassen und nicht auf Parkplätzen im Wagen übernachten. Auch sollte man während der Fahrt bzw. an roten Ampeln keine Handtaschen und nichts Wertvolles offen liegen lassen, am besten den Wagen von innen zentral verriegeln.

Souvenirs

Der Ort Moustiers nördlich des Lac de St-Croix ist berühmt für seine **Fayencen**, Biot in der Nähe von Antibes für mundgeblasenes **Glas**. **Parfum** kann man in Grasse in jeder Qualität und Preisklasse erwerben. **Santons** (Krippenfiguren) sind in der Region sehr beliebt. Auf speziellen Märkten, zum Beispiel in Fréjus, werden diese angeboten, wobei es keineswegs nur um christliche Figuren geht, sondern auch um Darstellungen ganz alltäglicher Berufe. Kräuter der Provence, Oliven und **Olivenöl**, Tapenade und Rouille zur Verfeinerung von Suppen und Salaten, Honig sowie Leckereien aus Maronen und Feigen – die Liste der potenziellen Mitbringsel ist groß.

Sport

Angeln

Im Meer: Infos unter www.visit.var.fr.
In den Flüssen: Informationen unter www.federationpeche.fr/83 bzw. www.federationpeche.fr/06

Klettern

Klettern ist in beiden Départements beliebt, gute Möglichkeiten bietet zum Beispiel St-Martin-de-Vésubie.

■ Infos unter www.cd06ffme.fr bzw. www.cdffme83.com

Radfahren

Radfahrer finden in der Region viele geeignete Routen, sowohl für Familien als auch für Anspruchsvolle. Der **Parcours du littoral** auf den Spuren der früheren Eisenbahnstrecke verläuft auf 80 km der Strecke zwischen Six-Fours und St-Raphaël. Informationen geben das Comité départemental de cyclotourisme des Alpes-Maritimes (www.cyclotourisme06-ffct.org) oder deren Kollegen aus dem Département Var (www.cyclotourisme83-ffct.org). Für **Mountainbikefahrer** (VTT) hat das Département Alpes-Maritimes die Broschüre »Randoxygène VTT« herausgebracht, die in Touristenbüros erhältlich ist. Auch das Département Var hat Empfehlungen unter www.visitvar.fr.

Reiten

Im Département Alpes-Maritimes existiert ein Guide »Randoxygène Équitation« mit 45 empfohlenen Routen, erhältlich in den Offices de Tourisme der Region oder unter www.rand

oxygene.org. Weitere Infos unter cheval.d.azur.crte.free.fr. Das Département Var bietet Routen namens »Equi'Découvertes« an, nachzulesen unter www.chevalcoeurduvar.com.

Wandern

Wanderrouten werden unter der Bezeichnung GR (»Grandes randonnées«) plus einer Ziffer angeboten. Der GR 4 etwa verbindet Grasse mit den Gorges du Verdon.

- Infos unter www.cdrp06.org bzw. www.var.ffrandonnee.fr

Wassersport

Alle Sportarten im und auf dem Wasser stehen an der Côte d'Azur an erster Stelle. Segeln, Surfen, Kajak-, Kanufahren, Stand-up-Paddling, Jet-Skifahren und Tauchen – alles wird nahezu überall angeboten. Die besten Reviere zum Wellenreiten bieten die Calanques zwischen Marseille und Cassis. Beim Baden sollte man unbedingt den Warnflaggen der Strandwacht Folge leisten – Strömungen können tückisch sein. Eine blaue Flagge signalisiert sauberes Wasser und einen Strand, an dem auf Umweltqualität geachtet wird. Unterwasser-Wandern (mit Maske, Schnorchel und Tauchflossen) werden angeboten z.B. in Port-Cros, Sanary-sur-Mer und Théoule-sur-Mer.

Wintersport

Skifahren ist im Hinterland der Côte d'Azur möglich: Isola 2000 (www.isola2000.com) und Auron (www.auron.com) bieten im Winter ein weitläufiges Skigebiet. Das **Langlaufgebiet** Casterino-Mercantour ist von Januar bis März an den Wochenenden mit dem Schneezug (Train des Neiges, 15 €, Kinder 6,50 €) ab Nizza erreichbar.

Strom und Steckdose

Wie in Deutschland beträgt die **Netzspannung** in Frankreich 230 Volt. Für Flachstecker ist kein Adapter notwendig, Schukostecker dagegen passen oft nicht, da französische Stecker (Typ CEE 7/5) zwei Pole plus Erde besitzen. Adapter gibt es in jedem Supermarkt.

Telefon und Internet

Internationale Vorwahlen:

- Frankreich 0033
- Deutschland 0049
- Österreich 0043
- Schweiz 0041

In Frankreich haben die Nummern insgesamt 10 Ziffern. Die Côte d'Azur besitzt die regionale Vorwahl 04, die immer mitgewählt werden muss (aus dem Ausland ohne 0). **Ortsvorwahlen** gibt es dafür keine. Die Ländervorwahl für Monaco ist 00377. Seit 2017 sind die Roaminggebühren innerhalb der EU, nicht aber in Monaco, entfallen. Deaktivieren Sie die automatische Netzwahl, um Roamingkosten in Grenznähe zu vermeiden. **Telefonzellen** sind mittlerweile rar. Der Zugang zu WiFi – so heißt WLAN in Frankreich – ist allgegenwärtig und in der Regel kostenlos.

Trinkgeld

Absolut unüblich ist es, den Rechnungsbetrag aufzurunden oder »stimmt so« zu sagen. Man zahlt und lässt nach Erhalt des Wechselgelds eine Summe am Tisch liegen. Als Richtwert gelten 5 % des Rechnungsbetrags. Wenn man sehr zufrieden war, kann man auch mehr geben. Auch Taxifahrer und Hotelangestellte sind über ein »pourboire« glücklich. Die Höhe ist persönliche Ermessenssache.

Umgangsformen

Eigentlich selbstverständlich: Selbst in Strandnähe zieht man sich zumindest ein T-Shirt über, wenn man etwas essen oder einkaufen geht. Da dies nicht immer beherzigt wird, weisen Läden und Bars zunehmend auf diese **Bekleidungsvorschrift** hin. Am Strand wird topless toleriert, Nacktbaden allerdings nicht. FKK-Strände befinden sich u.a. in Golfe-Juan, in Cannes oder auf der Île du Levant.

Während man sich im Bistro selbst einen **Platz** sucht, wartet man im Restaurant, dass die Bedienung einen Platz zuweist.

Besucht man ein Weingut, um deren Tropfen zu verkosten, gebietet es die Höflichkeit, seine Meinung zu den Weinen zu äußern und zumindest ein wenig zu kaufen.

Unterkunft und Hotels

Hotels

Seit 2012 gelten in Frankreich neue Normen der Hotel-Klassifizierung. Anhand von 246 Kriterien hinsichtlich Zimmergröße, Ausstattung, Barrierefreiheit, Service und Nachhaltigkeit sind die Hotels mit einem bis fünf Sternen bewertet. Diese Einstufung ist für fünf Jahre gültig. Während ein Zimmer in einem Ein-Sterne-Hotel mindestens 9 m² groß sein muss, sind es bei vier oder fünf Sternen 16 bzw. 24 m². Um zwei oder drei Sterne zu bekommen, muss der Empfang mindestens zehn Stunden besetzt sein, und mindestens ein Mitarbeiter muss eine weitere Sprache beherrschen. Bei fünf Sternen sind Internet, Klimaanlage, Tresor und ein Angebot zum Abendessen unabdingbar. Neben Französisch muss das Personal Englisch und eine weitere Fremdsprache beherrschen.

Camping

Auch Campinganlagen sind mit einem bis fünf Sternen klassifiziert. Bei der untersten Kategorie sind maximal 100 Stellplätze pro Hektar erlaubt, bei der höchsten nur 70. Schon bei drei Sternen muss der Empfang rund um die Uhr besetzt sein und das Personal muss neben Französisch zwei weitere Fremdsprachen beherrschen. Bei fünf Sternen sind sogar drei weitere Sprachen vorgeschrieben, in dieser Kategorie muss ein Swimmingpool und ein flächendeckender Internetanschluss vorhanden sein. Komplett eingerichtete Mobilheime oder Wohnzelte werden auf vielen Campingplätzen frankreichweit zum Beispiel von Eurocamp (www.eurocamp.de) oder von Flower Campings (www.flowercampings.com) angeboten.

Privatunterkünfte/Ferienhäuser

Die Organisation Gites de France (www.gites-de-france.com) vermittelt private Ferienunterkünfte. Deren Mitglieder werden mit einer bis fünf Ähren bewertet. Wichtig für die Klassifizierung der »gîtes« (Ferienwohnungen) und Chambres d'hôtes (Bed and Breakfast) sind Ausstattung, vorhandene Freizeiteinrichtungen und das Umfeld. Weitere Ferienwohnungen und -appartements findet man auf Onlineportalen, etwa www.booking.com oder www.airbnb.de. Die Bewertung nach Punkten erfolgt bei diesen Portalen durch die Gäste.

Ferien auf dem Bauernhof

Infos über Ferien auf dem Bauernhof – gerade für Familien mit Kindern eine gute Option – erhält man unter www.bienvenue-a-la-ferme.com oder unter www.accueil-paysan.com.

Verkehrsmittel in der Region

Bahn

Mit dem Regionalexpress TER sind alle Städte entlang der Küste günstig zu erreichen. Die Fahrt von Marseille bis nach Menton an der italienischen Grenze dauert 3,5 Std. und kostet 39 €. Auch ins Hinterland gibt es regelmäßige und preiswerte Verbindungen. Von Cannes nach Grasse bezahlt man etwa 4,60 €. Von Nizza aus verkehren der touristische Train des Merveilles nach Tende, der Pinienzapfenzug nach Dignes-les-Bains oder im Winter der Train des Neiges ins Skigebiet von Castérino.

■ Infos unter www.sncf.com

Bus

Die Städte an der Côte d'Azur sind untereinander mit einem gut funktionierenden Bussystem verbunden. Die Busse Ligne d'Azur bedienen mehr als 100 Linien. Von Nizza bis Monaco dauert die Fahrt zum Beispiel etwas mehr als eine Stunde und kostet 1,50 €. Dieser günstige Preis gilt für alle Fahrten bis zu 74 Minuten. Die Strecke von Marseille nach Nizza wird von mehreren Gesellschaften bedient, günstige Tickets gibt es für 20 €.

■ Infos unter www.lignesdazur.com,

Fähren

Die Îles du Frioul vor Marseille, die Îles d'Hyères vor Hyères und die Îles de Lérins vor Cannes werden von regelmäßig verkehrenden Fähren bedient. Die Fahrt zum Château d'If und den anderen Frioul-Inseln kostet ab dem Vieux Port 16,20 €. Die Îles d'Hyères werden von mehreren Küstenorten

Auf der Promenade des Anglais in Nizza kann man auch prima Fahrrad fahren

aus angelaufen (teils nur in der Saison). Die kürzeste (10 Min.) und ganzjährige Verbindung besteht von La Tour-Fondue auf der Halbinsel Giens nach Porquerolles und kostet hin und zurück 19,50 €. In einigen Minuten erreicht man ab Cannes, Juan-les-Pins oder Golfe-Juan die Îles des Lérins. Der Preis für die Bootsfahrt zur Île Ste-Marguerite hin und zurück beträgt 12,50 €.

Fahrrad

Rennradfahren hat in Frankreich eine lange Tradition und ist weit verbreitet. Fahren mit Tourenrädern hat zwischenzeitlich stark zugenommen.

■ Infos über Verleih von Rädern aller Art, aufgelistet nach Orten, finden sich unter www.francebikehire.com

Mietwagen

Die Gebühren für Mietwägen sind günstiger, wenn man sie vorab per Internet bucht. Hinzu kommt, dass man vor Ort (ohne französische Kreditkarte) meist eine hohe Kaution hinterlegen muss. Oft etwas preiswerter gegenüber internationalen Anbietern sind französische Verleiher wie ADA oder Rentacar. Um einen Wagen mieten zu können, muss man mindestens 21 Jahre alt sein und seinen aktuellen Führerschein mindestens ein Jahr besitzen. Für Mitglieder bietet die ADAC Autovermietung günstige Konditionen an. Buchungen über adac.de/autovermietung, die ADAC Geschäftsstellen oder unter Tel. 089/76 76 20 99.

Mitfahrgelegenheiten

Unkompliziert und preiswert ist die Suche nach einer Mitfahrgelegenheit – weit verbreitet in Frankreich. Die richtige Verbindung findet man unter www.blablacar.fr.

Öffentliche Verkehrsmittel (ÖPNV)

Für den Besuch der meisten Städte der Côte d'Azur ist aufgrund der geringen Größe die Nutzung des öffentlichen Nahverkehrs nicht nötig. Marseille bietet zwei Metrolinien, über 80 Buslinien und zwei Straßenbahnlinien.

■ Infos unter www.rtm.fr

Taxi

Um nicht an nicht-lizensierte Fahrer zu geraten, sollte man direkt am Taxistand einsteigen. Diese sind mit weiß-blauen eckigen Schildern gekennzeichnet.

Zollbestimmungen

Für Bürger der Europäischen Union ist im gesamten EU-Raum das Mitführen des privaten Reisebedarfs abgabenfrei. Für einzelne Güter und Waren bestehen aber folgende Einschränkungen: 800 Zigaretten, 400 Zigarillos, 200 Zigarren, 1 kg Rauchtabak, 10 l Spirituosen (z.B. Weinbrand, Whisky, Rum, Wodka), 10 l alkoholhaltige Süßgetränke (Alkopops), 20 l Zwischenerzeugnisse (z.B. Sherry, Portwein und Marsala), 90 l Wein (davon Schaumwein max. 60 l), 110 l Bier, 10 kg Kaffee, 20 l Extra Kraftstoffe (Reservebehälter). Ein Betrag von mehr als 10 000 € muss beim Zoll angemeldet werden (Infos: www.zoll.de bzw. www.bmf.gv.at/zoll).

Bei der Einreise in die Schweiz bleiben Waren im Wert von unter 300 CHF zollfrei (inkl. Alkohol und Tabak). Zusätzlich müssen Freimengen beachtet werden: Steuerfrei bleiben 250 Zigaretten/Zigarren oder 250 g andere Tabakfabrikate, 5 l alkoholische Getränke bis 18 % Vol. und 1 l alkoholische Getränke über 18 % Vol. Beschränkt ist außerdem die Mitnahme von Lebensmitteln (Infos: www.ezv.admin.ch).

Die Geschichte der Provence – Côte d'Azur

Um 1000 v. Chr. Ligurer besiedeln die Mittelmeerküste.

Um 600 v. Chr. Massalia (Marseille) wird von Griechen gegründet.

125 v. Chr. Die Römer werden von Marseille um Hilfe gegen die Kelto-Ligurer gebeten, Teile Südfrankreichs werden zur römischen Provinz.

52 v. Chr. Niederschlagung der Gallier (Vercingetorix), Krieg Caesars gegen Pompeius und seinen Verbündeten Marseille. Eroberung der Stadt.

4./5. Jh. Christianisierung der Küstenregion und Gründung von Klöstern.

477 Eroberung der römischen Provinz durch die Westgoten.

536 Die Provence kommt unter fränkische Herrschaft.

1034 Anschluss der Provence an das Heilige Römische Reich.

12. Jh. Die Provence wird abwechselnd regiert durch den Grafen von Toulouse, die Grafen von Barcelona und das Haus Anjou.

1481 Der Gute König René stirbt, der französische König Ludwig XI. erbt die Grafschaft Nizza.

1641 Frankreich erkennt die Unabhängigkeit Monacos an und wird zu dessen Schutzmacht gegen Spanien.

1720 Etwa 40 000 Menschen sterben in Marseille an der Pest.

1793 Napoléon Bonaparte befreit Toulon von den englischen Besatzern.

1815 Napoléon flieht von Elba, landet bei Cannes, zieht nach Paris und ergreift erneut die Macht.

1860 Die Grafschaft Nizza kommt an Frankreich.

1861 Menton und Roquebrune kommen vom Fürstentum Monaco an Frankreich.

1887 Der Autor Stéphen Liégeard veröffentlicht das Buch »La Côte d'Azur«. Dieser Begriff setzt sich in kurzer Zeit als Name für die östliche französische Mittelmeerküste durch.

1933 Sanary-sur-Mer und Nizza werden zum Exil für viele deutsche Maler und Schriftsteller.

1943 Die deutsche Wehrmacht zerstört das Hafenviertel von Marseille.

15. August 1944 Mit der Landung alliierter Truppen bei Toulon beginnt die Befreiung Südfrankreichs.

1946 Premiere der Internationalen Filmfestspiele von Cannes.

1962 Algerien wird unabhängig. Emigration vieler Franzosen (»pieds-noirs«) und ihrer algerischen Helfer (»Harkis«), vor allem nach Marseille.

1981 Marseille erhält eine TGV-Verbindung nach Paris.

2013 Marseille ist Europäische Kulturhauptstadt.

14. Juli 2016 Bei einem terroristischen Anschlag auf der Promenade des Anglais in Nizza sterben 86 Menschen.

Die Schauspielern Brigitte Bardot bei den Filmfestspielen in Cannes 1956

Französisch für die Reise

Das Wichtigste in Kürze

Ja/Nein	*Oui/Non*
Bitte/Danke	*S'il vous plaît/Merci*
Hallo!/Auf Wiedersehen!	*Salut!/Au revoir!*
Guten Morgen!/ Guten Tag!	*Bonjour!*
Guten Abend!/ Gute Nacht!	*Bonne nuit!*
Mein Name ist ...	*Je m'appelle ...*
Entschuldigung!	*Pardon!/Excuse(z)-moi!*
Achtung!/Vorsicht!	*Attention!*
Ich verstehe Sie nicht.	*Je ne vous comprends pas.*
Wie viel kostet das?	*Cela coûte combien?*
Damen/Herren	*femmes/hommes*
geöffnet/geschlossen	*ouvert/fermé*
gestern/heute/ morgen	*hier/aujourd'hui/demain*
Wie viel Uhr ist es?	*Quelle heure est-il?*
Wo ist ...?	*Où se trouve ...?*
Wie weit ist ...?	*A quelle distance d'ici se trouve-t-il?*
Ist das der Weg nach ...?	*Est-ce que c'est le chemin pour ...?*
Nord/Süd/West/Ost	*nord/sud/ouest/est*
Ich möchte ...	*Je voudrais ...*
Die Rechnung, bitte	*L'addition, s'il vous plaît*
Restaurant	*restaurant*
Auto	*voiture*
Super/bleifrei/Diesel	*super/sans plomb (=SP)/gasoil*
Tankstelle	*station d'essence*
Panne	*panne*
Hilfe!	*Au secours!*
Fahrrad	*vélo*
Bahnhof	*gare*
Busbahnhof	*gare de bus*
Flughafen	*aéroport*
Ausweis	*carte d'identité*
Bank/ Geldautomat	*banque/distributeur de billets*
Arzt	*médecin*
Apotheke	*pharmacie*
Lebensmittelgeschäft	*épicerie*
Tourismusbüro	*office de tourisme*

Wochentage

Montag	*lundi*
Dienstag	*mardi*
Mittwoch	*mercredi*
Donnerstag	*jeudi*
Freitag	*vendredi*
Samstag	*samedi*
Sonntag	*dimanche*

Zahlen

1	*un*	8	*huit*
2	*deux*	9	*neuf*
3	*trois*	10	*dix*
4	*quatre*	11	*onze*
5	*cinq*	12	*douze*
6	*six*	100	*cent*
7	*sept*	1000	*mille*

Hinweise zur Aussprache

ai	wie ›ä‹, Bsp.: lait
au	wie ›o‹, Bsp.: auto, gauche
eu	wie ›ö‹, Bsp.: peu, deux
ou	wie ›u‹, Bsp.: rouge
ue	wie ›ü‹, Bsp.: rue, avenue
c	vor ›e‹ und ›i‹ wie ›s‹, Bsp.: ce, cide
c	vor ›a‹ und ›o‹ wie ›k‹, Bsp.: cabinet, compagnie
ch	wie ›sch‹ Bsp.: chips
h	am Wortanfang ist immer stumm, Bsp.: hommage
g	vor ›e‹ und ›i‹ wie ›dsch‹, Bsp.: gentille, gilet
gn	wie ›nj‹, Bsp.: cognac, agneau
p, s, t	am Wortende meist stumm, Bsp.: trop, très, mot
-tion	bei dieser Silbe ›t‹ wie ›s‹, Bsp.: nation
q, qu	wie ›k‹, Bsp.: coq, qui
v	wie ›w‹, Bsp.: vie
z	wie ›s‹, Bsp.: zéro

Alle Blickpunkt-Themen in diesem Band:

Register

N

O

P

R

S

Bildnachweis

Titel: Calanque de Port-Miou bei Cassis
Foto: **laif** (Bertrand Gardel/hemis.fr)
Rücktitel: links: **Alamy** (Ivan Vdovin); rechts: **Shutterstock.com** (Inu)

AWL Images: Jon Arnold 87 – **Bildagentur Huber:** Kremer 8/9 – **Getty Images:** Hemis.fr RM 58; Lonely Planet Images 134; Picture Post 136 – **HUBER IMAGES:** Jordan Banks 2.1; Paolo Evangelista 2.2; Gabriele Croppi 11.3; Susanne Kremer 14/15, 71; Jordan Banks 17.1; Frank Lukasseck 26; Cornelia Dörr 107 – **laif:** René MATTES/hemis.fr 6.1; Bertrand Gardel/hemis.fr 13.1; Jose Nicolas/hemis 37; Zir/Signatures 43; Camille Moirenc/hemis.fr 54; Sabine Braun 65 – **Lookphotos:** age fotostock 11.1, 13.2 – **mauritius images:** Gail Mooney-Kelly/Alamy 10.1: Udo Siebig 32; Juergen Hasenkopf/Alamy 40; JOHN KELLERMAN/Alamy 46; Roland Bouvier/Alamy 53; Alex Hinds/Alamy 67.1; NordicImages/Alamy 112; Stuart Forster Europe/Alamy 122 –**Shutterstock.com:** Samuel Borges Photography 4/5; Ruth Peterkin 5.1; Anton_Ivanov 5.2; lightpoet 6.2; elementals 9; Alexia Demoy 10.2; Lamax 13.3; karnizz 25; Boris Stroujko 29; Gaspar Jano 30; TA Photography 49; Giancarlo Liguori 67.2, 73; Filip Fuxa 76; trabantos 80; Rostislav Glinsky 88/89; Jerbay 95; Andreas Jung 98; andersphoto 105; SvetlanaSF 109; Rolf E. Staerk 115; Alessandro Cristiano 120; LeeSensei 144 – **stock.adobe.com:** travel-view Klappe 1; ALF photo 6.3; Kushnirov Avraham 7, 50; Jrg Hackemann 12.1; SergiyN 12.2; Mr Doomits 18/19; bunyos 61; seb hovaguimian 68; Sergii Figurnyi 100/101; Freesurf 111.1; andrzej2012 116

Herausgeber: GRÄFE UND UNZER VERLAG GmbH, Postfach 86 03 66, 81630 München
Leitender Redakteur: Benjamin Happel
Autor: Jürgen Zichnowitz
Verlagsredaktion: Nadia Terbrack (verantw.), Larissa Köpp, Gernot Schnedlitz, Silke Tauscher
Lektorat: Beate Martin
Satz: Mediendesign Anne Tegler, Berlin
Bildredaktion: Dr. Nafsika Mylona
Schlusskorrektur: Ulla Thomsen
Reihengestaltung: Eva Stadler
Kartografie: Kunth Verlag GmbH & Co. KG, München
Herstellung: Mendy Willerich
Druck: Drukarnia Dimograf Sp z o.o. (Polen)

Ansprechpartner für den Anzeigenverkauf:
KV Kommunalverlag GmbH & Co. KG, MediaCenter München, Tel. 089/928 09 60

GRÄFE UND UNZER

Ein Unternehmen der
GANSKE VERLAGSGRUPPE

ISBN 978-3-95689-518-0
1. Auflage 2019

Leserservice
adac@graefe-und-unzer.de
Tel. 00800/72 37 33 33 (gebührenfrei in D, A, CH)
Mo–Do 9–17 Uhr, Fr 9–16 Uhr

Die Daten und Fakten für dieses Werk wurden mit äußerster Sorgfalt recherchiert und geprüft. Wir weisen jedoch darauf hin, dass diese Angaben häufig Veränderungen unterworfen sind und inhaltliche Fehler oder Auslassungen nicht völlig auszuschließen sind. Für eventuelle Fehler oder Auslassungen können Gräfe und Unzer, der ADAC Medien und Reise GmbH sowie deren Mitarbeiter und die Autoren keinerlei Verpflichtung und Haftung übernehmen.